北朝鮮とは何か

思想的考察

小倉紀蔵

藤原書店

まえがき

北朝鮮は、東アジアの歴史的・構造的矛盾を一身に体現した国家である。

この国家をどう認識し、理解するかということは、戦前から現在にいたる日本をどう認識し、理解するかということと緊密に関係している。

むしろ、北朝鮮をどう認識し、理解するかという議論が欠落したままでは、戦前から現在にいたる日本に対する認識・理解においても、大きな欠落を抱えてしまうのだといえるのではないか。

戦後の日本が生んだ人文・社会科学の諸成果は、陣営別に左翼・リベラル・保守・右翼およびポストモダンと多様であるが、それらの学問的視座がすぐ隣りの北朝鮮という国家を認識する枠組みに資することができたのか、甚だ疑問である。

私としては、左翼およびポストモダンの罪が特に大きかったと断定せざるをえない。左翼はイデオロギーの目つぶしによって盲目的となり、北朝鮮の実態を知ろうともしないまま北朝鮮を称賛しつづけた。またポストモダンは一九七〇年代後半から日本のアカデミックなジャーナリズムをほぼ占拠しつつ、東アジア問題においては「相対主義の仮面をかぶった左翼本質主義」を声高に主張するか、あるいはニヒリスティックな不可知論（無関心の裏返し）を小声でつぶやくだけだった。これらの態度がどれだけ東アジア全体ひいては世界全体に悪影響を及ぼしたか、はかりしれない。なにしろアカデミックなヘゲモニーを握っている勢力が、自らがかつて植民地支配した隣国に関して、この国ではほとんど現実的かつ生産的な議論をしてこなかったのである。二〇〇二年以降に澎湃として湧き起こった北朝鮮バッシングは、基本的に、それ以前に左翼およびポストモダンのやってきたことに対する強力な抗議であった。

戦後日本の北朝鮮認識がいかに脆弱で虚偽にまみれていたのか、その抗議の声は糾弾した。それはよい。しかしその糾弾は瞬く間にヘゲモニーを掌握してしまい、右翼のひとりよがりな世界認識と結びついて今度は右側からの思考停止の枠組みとして凝固してしまった。北朝鮮を「悪の独裁国家」として批判・糾弾していれば、この国家はおのずと消滅するにちがいないという「魔法の論理」が流布した。北朝鮮の脅威に備えなければならないという至極まともな議論も強力に存在したが、その議論を展開する人びともこの国を内在的に理解するという基本を忘れ、イデオロギー的に叫ぶだけであった。

要するに右も左も、北朝鮮という国家をまともに認識するという気はさらさらなく、自らが信ずるイデオロギーや日本改造の方向性に、北朝鮮という国家を従属させて論じているだけだった。その間に北朝鮮は粛々と核兵器を開発し、ミサイルの能力を格段に向上させるのに成功したのである。

これほどの愚がほかにあるだろうか。

ことは認識だけではない。実践においても、日本は自らすべきことを放棄しつづけている。北朝鮮という矛盾の結節点と、われわれはどのような関係を結ぶべきなのか。関係をひたすら断って、相手が崩壊するのを待つのが最善なのか。しかしこの数十年、「北朝鮮は崩壊する」「すぐにでも崩壊する」と叫ばれながら、この国家は崩壊しなかった。それどころではない。右に述べたように、核兵器の保持を誇示し、北米大陸までを射程距離に収めたミサイルまで開発した。経済はどん底の状態を続けたが、多くの識者の予想を裏切って、近年は一九九〇年代後半からの「苦難の行軍」という最悪の状況から脱している。

今こそわれわれは、この国をまともに認識し、この国とまともに関係を構築しようとすべきなのではないだろうか。

本書はそのための第一歩というべきものである。これから北朝鮮と関係を構築してゆく上での初歩的な段階の認識を述べたにすぎない。ただ、方向性を付けるという意味では、わかりやすい内容になっているのではないかと思う。

本書で主張したことを簡単に述べると、次のようになる。実に単純なことである。

1　北朝鮮は、戦前の日本が東アジアに遺した思想的風土を資源のひとつとして生まれた国家である。それが戦後の冷戦という構造のなかで強固に保全されることとなった。まずはこの認識、つまり北朝鮮という国家の本質と日本とは無関係ではない、どこかでつながっている、という認識を持つことが重要だ。

2　東アジアの歴史認識は、道徳と正統性という儒教的な性格を強く持つ。そして日本以外の国家はその起源において「抗日」という形で日本に強く依存している。したがって中国も韓国も北朝鮮も、「日本がもし歴史の清算を本当にしてしまったら、自分たちの存立の基盤が崩壊する」という恐怖心を抱いている。これもまた、日本に対する依存なのだ。この依存に対して、今の日本の政権は「反・抗日」というリアクションの形で再依存してしまっている。これは根本的な意味で、戦略の間違いである。中韓朝の日本への依存を解消するために、何らかのアクションをすることができるのは、日本しかありえないのである。

3　日本は北朝鮮と国交正常化の交渉を進めるべきである。韓国とは、これまで五十年間にわたって和解と協力のプロセスを進めてきた。日韓関係は現在、悪化しているように見えるが、それは両国政府がこれまで五十年間に自らがやってきた努力を過少評価してしまっているからだ。事実を直視すれば、この五十年間の日韓和解プロセスは世界に誇ってよいレベルのものである。しかし韓国がそれを誇れない理由のひとつは、北朝鮮との正統性のたたかいにおいて、「日本との妥協」というマイナスのレッテルを貼られることを恐怖しているからである。戦後七十年にわたって、植民地支配に関して朝鮮半島の北部とは平壌宣言（二〇〇二年）以外に一切和解のプロセスを進めていないという事実こそ、もっとも深刻な非対称性なのだ。これを解消することが、韓国にとってもよいことだということを韓国には理解してもらわないとならない。

4

右に述べたように、日本はこの五十年間、韓国には幾度も謝罪し、サハリン残留韓国人や慰安婦など、具体的な問題に関してもかなり誠実に応答してきた。しかし、韓国はこのことを認めたがらない。もしこのまま韓国が日本の努力を認めないとすると、過去の清算に関する「日韓モデル」は失敗に帰するかもしれない。われわれは、この「日韓モデル」を真摯に反省し、それにかわる新しい「日朝モデル」を構築する必要があるのではないだろうか。この論点に関しては本書の第七章で論じたので、読んでいただきたい。

ごく簡略化していうと、本書で語ったのは右のようなことである。ただ、「北朝鮮を理解せよ」

とか「北朝鮮と国交正常化せよ」などという主張は、日本の主流の考えからはきわめて隔たりのあるものであるから、これらのことをわかりやすく説明するのは一筋縄ではなかなかゆかない。論理の飛躍をできるだけしないように自制して述べるとするならば、右の1から4のようにシンプルなことを語るのにも、かなり文字数を使って丁寧に説いてゆかねばならないのだ。

なお、本書は学芸総合誌・季刊『環』五三号（二〇一三年春）～六〇号（二〇一五年冬）（藤原書店刊）の連載「北朝鮮とは何か」（全八回）に加筆修正を加え、単行本としたものである。連載の順番と本書の章の順番は一致している。つまり本書の第一章、第二章……は連載の第一回、第二回……に当たる。

二〇一五年三月

小倉紀蔵

北朝鮮とは何か　目次

第八章 チュチェ(主体)はどこに行く?……二〇一五年一月

北朝鮮とは何か

思想的考察

第一章

思想から考える

二〇一三年四月

矛盾の風

東北アジアの一隅から、風が起こっている。

この風は、硬質であり、剛直である。鋼鉄のような風、といってもよい。

この一隅を無視したり抑圧しようとする勢力に対して、直接的に届かせようと自家発動する風である。

東北アジアの歴史的な矛盾が、轟然たる風となって吹いているのだ。

それが、朝鮮民主主義人民共和国である。

北朝鮮とは、東北アジアに吹く矛盾の風なのである。東北アジアに渦巻く強大な矛盾を動力として、その結節点としての自己を発動させて吹き起こす風である。

この風が一陣、強く吹けば、東アジア、否、世界がざわめき、不安となる。

この不安は単なる軍事的、安全保障的なものではない。過去からやってくる不安である。歴史に対する忘却への恐怖である。矛盾を忘却しようとする人びとへのあらがいが起こす不安である。

過去や思想や文化や共同体、そういうものを一切忘却してグローバルな世界（＝未来？）を暴力的に構築しようという者たちに、この風はことさらに邪魔なものとして認識される。風を停止させようとグローバルな勢力は画策するが、一度たりともうまくいかない。風はますます強さを増し、やがて抑えつけようもないほど強靭となった。この風を強靭にしたのは、グローバルな戦争遂行勢力である。

他方で、この風は、風を起こす当の国家に強いダメージを与えている。自国民の夥《おびただ》しい生を脅かしているのである。

グローバルな戦争遂行勢力に対して強い風を及ぼそうと思えば思うほど、その風を起こすために国民の生命エネルギーが費消されてしまう。

これは、消耗の風である。生命を費消する風である。

それならばなぜ、このような風を起こすためのエネルギー費消に、国民は耐えているのか。その忍耐力の根源には、何があるのか。

このことを考えるには、北朝鮮の人びとの思想や世界観のレベルにまで入り込まなくてはならないであろう。

本書では、この国を思想的にとらえてみたい。そうしなければ、この国のことも東北アジアのことも、おそらくは何もわからないのである。

世界の思想的対立の構図①――日本とヨーロッパ

思想的にとらえようというとき、こちらの態度を硬直化させないようにしよう。硬直化はただちにイデオロギー的な自己要塞化と連結する。われわれは今、思想という言葉とイデオロギーという言葉を最大限分離しなくてはならない。

そのような柔軟な態度をとることに成功するならば、われわれは、現在東北アジアで興起している尖鋭な対立は何であるのかを、つぶさに透視することができるような気がする。

現在（二〇一三年二月）、北朝鮮とアメリカが真っ向から対立しているように見えるが、この対立の本質は、実は日本とヨーロッパの対立なのである。

北朝鮮の国家体制を支える理念は、「チュチェ（主体）思想」と呼ばれる。二〇一二年以降に出現した最新の言葉でいうなら、「金日成《キムイルソン》・金正日《キムジョンイル》主義」である。この理念の原型はあきらかに戦前日本の国体論にある（ただしそれは原型であって、チュチェ思想と国体論は同じではない）。より正確にいうなら、一九三七年に日本の文部省が『國體の本義』で打ち出した国体論に近い。その根本は「忠孝一本」および「永生する非・肉体的生命」というふたつの柱である。後者の場合、日本の国体論では「歴史的生命」とか「国民としての真生命」などと呼ばれたが、北朝鮮では「社会政治的生命」と呼ばれる。呼称の違いはあるが、根本的に同質の概念である。モータルな「肉体的生命」よりも高次の「永遠に生きる生命」がある、それは全国民の親である天皇や首領によって与えられる、というパウロ的な世界観である。

北朝鮮は、戦前日本の国体論と同じく、自らの根本理念を根底から否定する西洋的な自由および個人という概念を徹底的に批判する。伝統的にヨーロッパに友好国が多かったということもあり、自由および個人の批判という文脈では北朝鮮はあからさまなヨーロッパ批判はしない。もっぱらアメリカを批判するのである。しかし表面上はアメリカを批判しているように見えるものの、この批判の本質は、共同体の生命を否定し、生命は個人にのみ宿るとしたヨーロッパ近代の世界観（のひとつ）に対するものなのである。ヨーロッパは二度の世界大戦を経て、「個人の自由」という世界観の伝道者たる立場を自ら放棄した。第二次世界大戦後にその使命を忠実に遂行しているのが、アメリカなのである。

つまり、二十一世紀の東北アジアで繰り広げられている北朝鮮とアメリカの対立は、実は世界観史における最新のたたかいなのではない。むしろ日本と欧米が戦前に尖鋭化させた世界観の対立を、代理して継続しているのである。戦後、日本はいち早く欧米の側に自らを置くことによって、この世界観の対立から逃走した。隠遁したといってもよい。

また、老獪なヨーロッパはこのたたかいをアメリカに代理させることに成功した。若くて一本気なアメリカは、自分が考え出したわけでもない「個人の自由」という概念を、疲弊したヨーロッパに代わって世界に伝導する役割に邁進した。その結果、戦前に日本が次のようにいって欧米に挑んだ決死の対決を、いま、北朝鮮が日本に代わってアメリカに挑んでいるのである。

抑ゝ人間は現実的の存在であると共に永遠なるものに連なる歴史的存在である。又、我であると同時に同胞たる存在である。即ち国民精神により歴史に基づいてその存在が規定せられる。これが人間存在の根本性格である。この具体的な国民としての存在を失はず、そのまゝ個人として存在するところに深い意義が見出される。然るに、個人主義的な人間解釈は、個人たる一面のみを抽象して、その国民性と歴史性とを無視する。従って全体性・具体性を失ひ、人間存立の真実を逸脱し、その理論は現実より遊離して、種々の誤つた傾向に趨る。こゝに個人主義・自由主義乃至その発展たる種々の思想の根本的なる過誤がある。

（『國體の本義』文部省、一九三七年、一四五―一四六頁）

世界の思想的対立の構図②――ヨーロッパとヨーロッパ、アメリカとアメリカ

しかしながら、視野をもう少し広くしてみると、別の風景も見えてくる。

このような北朝鮮とアメリカの対決は、日本とヨーロッパの対決であるだけでなく、ヨーロッパ対ヨーロッパの対決ですらある。というのは、北朝鮮のチュチェ思想も、日本の国体論も、その原型はヨーロッパの有機体国家論およびコーポラティズム国家論にあるからである。国家をひとつの身体ないし有機体とみなして、その構成員である国民の個別の生・自由・個性を副次的なものとみなす世界観は、日本や東アジアの独創ではなく、ヨーロッパの特殊な国家観と儒教的な国家観の融合であったといえる。

とすると、国家がひとつの強固な生命体であるとする北朝鮮の考えと、すべてを個人に還元するかのようなアメリカの考え（アメリカは実際はそんなに単純な個人主義の国ではないが）との対立は、そもそもヨーロッパに内在したふたつの世界観の代理対決であるということができる。ここでも、年老いた狡猾なヨーロッパは、自らが生んだふたつの世界観の対決を、若くて元気な別の国家が代理してくれる様子を、遠くの高みから見物するだけに徹しようとしているのだ。

さらに、ほかの視点から考えることもできる。

現在の北朝鮮とアメリカの対決は、ある意味でいえばアメリカとアメリカの対決なのである。このことは、北朝鮮の正式名称が朝鮮民主主義人民共和国であって、あくまでも民主主義を標榜していることから考えなくてはならない。

北朝鮮を民主主義国と認めたくない人びとは、民主主義のあり方にあらかじめ特定のバイアスをかけすぎている。『環』誌第五〇号（特集「アメリカとは何か――チャールズ・ビーアドを軸に」二〇一二年七月）で私はこのことに関連して短く論じたことがある。それはアメリカの歴史学者チャールズ・ビーアドのルーズベルト批判をめぐる論考であった。

ビーアドは、ルーズベルト政権が日本との戦争を遂行するために、そしてその条件として日本にアメリカを先制攻撃させるために、アメリカ国民を欺いたと批判した。具体的には、日本の卑劣さをアメリカ国民に印象づけようと、ルーズベルト政権は情報を隠蔽し、また操作したとビーアドは主張する。私の解釈では、ビーアドは「民主主義が大義を掲げると必ず腐敗する」という批判を展開したのである。なぜなら、大義の遂行のためには国民を動員せねばならないが、国民は自分や自分の子どもたちが国家の大義に動員されることを、ほぼつねに嫌悪するからである。したがって、戦争遂行国家は、自分たちの敵がいかに邪悪であるか、この邪悪な敵を打倒しなければ自国および世界がいかに悲惨な暗黒状態に陥るかを、自国民に説得しなければならない。そしてその説得のためには、ほぼ必然的に、情報の隠蔽や操作、場合によっては捏造が伴うのである。こうして、大義を標榜する民主主義は腐敗する。

このように考えると、北朝鮮とアメリカの対決は、反民主主義と民主主義の対決という側面だけでなく、大義化した民主主義どうしの対決である、という解釈も成り立つであろう。大義化したアメリカが邪悪な国家としての北朝鮮と対決するとき、北朝鮮もまた自国の大義化を最高度に実現している。北朝鮮にとって北朝鮮は民主主義国であるから、これは極度に大義化した民主主義国どうしの対決となる。アメリカは邪悪な反民主主義国と対決しているのではなく、鏡に映った自分の似姿と対決しているのである。

論理と倫理

このように考えてみると、北朝鮮という国家は、欧米や日本が忘却しようとしたり、またとっくの昔に捨て去ってしまったものを、純粋培養させながら保守しているのだということがわかる（ただもちろんそれだけではない。北朝鮮のチュチェ思想について別の章で語ることにする）。

これはきわめて倫理的かつ論理的な姿勢である。なぜなら、日本やヨーロッパが自らの失敗や挫折によって途中で放棄してしまった世界観を、北朝鮮は妥協せずに一貫して実践してきたからである。日本やヨーロッパは、かつては自らが全面的に追求した有機体国家論や国体論や大義的民主主義などという世界観を、その論理的な清算という作業を経ずに中途半端に放棄してしまった。そしてその世界観の実践を、より若くて一途な北朝鮮とアメリカに代行させているる。

このような観点から考えれば、北朝鮮が倫理的かつ論理的であるという意味において、アメリカもまた倫理的かつ論理的なのだといえる。逆に日本およびヨーロッパこそ、最も非倫理的かつ非論理的な存在であるといえよう。日欧は何のためにそうなったのか。戦争から逃避するためであり、国民の個人としての生命を保全するためである。

特に日本は、内在的には国体論的世界観の残滓をいまだに強固に隠し持っていながら、表面上は日本国憲法によってそれを完全に払拭したかのように振る舞っている。したがって自民党、特に安倍晋三政権のように、中国や北朝鮮に対しては「個人の自由」というアメリカ的世界観を押しつけておきながら、日本国内では「国家の生命力」という国体論的世界観を復活させようとするという矛盾に陥る。これは現実的には自由と国家をバランスさせようという意義があるのだが、論理的にいえば齟齬であるし、したがって倫理的にいっても不透明である。北朝鮮のほうがよほど倫理的にも論理的にも透明なのだ（透明と善は一致しない）。

北朝鮮という国家の特徴はその論理性にある。論理的だから倫理的なのである。論理的かつ倫理的だから、その論理と倫理を認めない国家とは対決せざるをえない。

これは、矛盾の渦巻く世界の中で、自国の利益と存続のためには倫理と論理を犠牲にし、時々刻々の弥縫策に追われている他国に対する、強烈なプロテストである。特に「同盟」という紐帯の本質は、互いの矛盾を無化してまで共通の敵に向かうという意味で、論理も倫理も捨象した関係性なのである。自国の利益・存続と、倫理・論理のどちらが大切なのか。前者を選択すれば、自動的に後者を捨てることになる。勢い、世界は倫理も論理もおかまいなしの、貪るような利益の争奪戦となっている。

そのような、倫理も論理もかなぐり捨てた世界を糾弾する北朝鮮の主張を読んでみよう。二〇一三年二月十二日に北朝鮮が三回目の核実験を実施した際に出された、「第三回核実験に関する朝鮮外務省代弁人談話」の抜粋である。引用が多少長くなるが、北朝鮮の論理の一端を知るために、ぜひ読んでいただきたい。

われわれの第三回核実験は、アメリカの対朝鮮敵対行為に対処した断固たる自衛的措置である。／昨年十二月にあった人工衛星「光明星三」号二号機の打ち上げ成功は、経済建設と人民生活の向上のための科学技術発展計画にしたがっておこなわれた、徹頭徹尾平和的な事業であった。（中略）衛星打ち上げの権利にたいする（アメリカによる――小倉注）侵害はすなわち、われわれの自主権にたいする侵害として絶対に許せない重大な敵対行為である。／もともと、われわれには核実験をかならずおこなうべき必要も計画もなかった。／われわれの核抑止力は、すでに以前から地球のどこにあっても侵略の本拠地を正確に攻撃して一挙に掃滅できる信頼性のある能力を十分にそなえている。（中略）今回の核実験の主な目的は、アメリカの白昼強盗さながらの敵対行為にたいするわが軍隊と人民のこみ上げる憤怒を示し、国の自主権をあくまで守ろうとする先軍朝鮮の意志と能力を誇示するところにある。／われわれの核実験は、いかなる国際法にも抵触しない正々堂々とした自衛的措置である。／アメリカは、わが国を核先制打撃の対象リストにあげて久しい。／アメリカの増大する核脅威に核抑止力で対処するのは、しごく当然な正当防衛措置である。（中略）六〇年をこえる国連の歴史に、地球上でおおよそ二〇〇〇余回の核実験と九〇〇〇余回の衛星の打ち上げがおこなわれたが、核実験や衛星の打ち上げをしてはいけないという安全保障理事会の決議はあったことがない。／核実験をいちばん多くし、衛星の打ち上げもいちばん多くしたアメリカが、唯一われわれだけが核実験も衛星の打ち上げもしてはいけないという国連安全保障理事会「決議」をつくり上げたことこそ、国際法の違反であり二重基準の極致である。／国連安全保障理事会が公正さを少しでももっていたならば、主権国家の自衛権行使と平和的科学技術活動を問題視するのではなく、国際平和と安全に脅威となるアメリカの核先制打撃政策から問題視すべきであった。（中略）アメリカがあくまでも衝突の道を選ぶ場合、世界はわが軍隊と人民が正義と不正義の決戦で自分の尊厳と自主権をいかに最後まで守りぬき、祖国統一の革命的大事変を迎えていかに最後の勝利を達成するのかをはっきり見ることになるであろう。（『朝鮮中央通信』二〇一三年二月十三日）

北朝鮮には妙な楽天性がある。その根源には、倫理性と論理性はわれらの側にある、という信念が介在していると思われる。逆にいえば、軍事的覇権や経済的利益を手に入れても、倫理性と論理性の欠如した人びとは決して「枕を高くして眠ることはできない」のだという考えがある。

この信念があるかぎり、北朝鮮の体制は日米韓が思っているよりもずっと強固であるにちがいない。

日本の思考停止と北朝鮮

それに比べると、日本には論理性が欠如しており、そのため日本人は決然たる倫理性を持つことができない。そもそもそれ（決然たる倫理性を持たないこと）は、民主主義が大義に陥らないための重要な装置であったはずだが、北朝鮮の論理性の前に立つと、その弱さが露呈してしまう。

もっとも危惧すべきことは、日本社会が「思考停止」という甘い蜜の味から容易に抜け出せないでいるという事態であろう。

これは日本社会全体を蔽っている病弊とでもいうべきものだ。

たとえば北朝鮮の第三回核実験に対し、日本国内では、「恐怖心・嫌悪感」あるいはせいぜいが「陰謀論」ていどの論議しか湧き起こってこなかったのは、なぜなのだろうか。

恐怖心・嫌悪感は、不気味な隣国が核実験を行なったという事実に対する、すこぶる自然かつ当然な感情である。だが、識者やメディアの分析も、つきつめていえばこの原初的な感情から一歩も出ないレベルのものに留まっているのは、嘆かわしい事態だ。また逆の陣営も、「北朝鮮を追い込んで核保有に至らせているのは、実は自分たちの軍事的プレゼンスや戦略や武器を東アジアに押しつけようというアメリカの陰謀なのだ」という程度のレベルの議論にひっかかってしまうのでは、いただけない。ひとことでいえば、感情的反北朝鮮論と、それに対抗するアメリカ陰謀論とに収斂される日本の議論の「無思考性」こそが、東北アジアにおける最大のリスク要因のひとつなのではないだろうか。

「日本の思考停止」は広範囲に及んでいるが、特に次のようなものが問題であると思う。

「すべての価値は欧米にある」「米国に追従するのがすべてにおいて最善」「民主主義とは欧米の思想であり、日本がそれを実現するためには脱亜しかない」「日本はアジアでもっとも成功した自由と民主主義の国である」「日本が非欧米諸国から学ぶべきことは何もない」。

これらはクリシェ（決まり文句）である。誰もがその真偽をまじめに吟味しないまま、慣用句のように認識している命題である。

もちろんこのクリシェは一〇〇％間違っているというわけではない。ある意味では、あるいはある時代には、真である認識であったのかもしれない。しかしこの二十年の間に、世界の意味も時代も大転換した。それにもかかわらず、十九世紀－二十世紀型の認識にしがみついているばかりでは、国家の根本的な存立基盤自体が瓦解してしまう。われわれは右のクリシェにしがみつくことによって思考停止に自己監禁してしまっているこの状況を、何よりも早く打破しなくてはならないのではないだろうか。

日本の思考停止は世界に何をもたらすのか

このような日本の思考停止は、世界に何をもたらすのであろうか。

最も重要なのは、「アメリカに対してもっとも物申すことができる非欧米の国という立場の自己放棄」という事態であると思われる。

日本はアメリカの忠実な同盟国である。戦勝国－敗戦国という絶対的な関係の中で、日本は自らの思考を停止してまで、米国に追従した。誇りと自尊心を重んじる人びとにとって、この追従は屈辱であることは間違いない。しかし、事実として七十年近くの追従という歴史は蓄積されてしまったのである。このことを最大限にポジティブにとらえるならば、日本は、アメリ力に対して世界でもっとも物申すことのできる資格があるはずなのである。奴隷のように追従したから物申す資格がない、というのは間違っている。たとえ「奴隷のように追従した」のが事実だったとしても、それを、「苦渋の選択のもとに主体的に協力したのだ」といいつのることができ、それによって自らに有利な立場を構築するというのが、外交というものであり国家主権というものであろう。

そのような立場と権利と能力を日本は自ら放棄してきた。このことは、世界に対して、日本人が考えている以上に大きな影響を与えているのではないだろうか。

もう少し踏み込んでいうなら、北朝鮮が瀬戸際外交や核開発に自らを賭けなくてはならない状況の形成には、「アメリカに物申さない日本」が色濃く介在しているのではないだろうか。

つまり、日本がアメリカの友人として、アメリカの覇権的態度を友好的に諫めることができる、という立場と役割と責任を自己放棄することによって、逆に北朝鮮がアメリカの敵として、強大なリスクを背負いながらアメリカを挑発的に諫めざるをえない、という状況をつくってしまっているのではないか。

日本はアメリカの同盟国という立場に安住し、思考停止の甘い夢の中にまどろむ。そのことによる利益と安全は莫大なものである。しかしそのことが逆に、東北アジアに巨大な矛盾の磁場をつくりだしてしまっている。自らの存在を賭してそのことを訴え続けているのが北朝鮮であると、少しでも想像することが日本人にとって必要なことなのではないだろうか。アメリカに依存することによって途方もない利益と安全を手に入れることができるが、それは他方でその利益と安全から完全に疎外された危険な磁場をつくりだしているのだ、という洞察が、日本人には必要なのではないか、ということだ。

歴史、思考停止、グローバル化

日本の思考停止が世界にもたらすものは、それだけではない。

北朝鮮は、東北アジアの歴史の矛盾を表象=代表している。だがこの矛盾の声は、歴史を忘却しつづけてきた日本人には一切届かない。また一九九〇年代に歴史の見直しをしようと華々しく登場した右派は、東北アジアの歴史的矛盾には一切目を向けないことがリアリズムの謂いなのだと開き直った。このリアリズムによれば、日本以外の東北アジアは「ガバナンスの欠如」という自己責任によって歴史上の敗者となったのであって、日本を逆恨みしてもそれは所詮負け犬の遠吠えでしかないというのである。

このような日本の右派の主張に対して、日本以外の東北アジアは道徳志向的に日本を糾弾するという儒教的なメンタリティしか発揮できず、そのことがますます日本の右派による東アジア蔑視を加速させた。日本の右派にしてみれば、歴史を儒教的な道徳志向性によって解釈することは、リアルな歴史を軽視し冒瀆する反道徳的行為なのである。

かくして、日本の右派は道徳志向的な歴史から逃避し、日本以外の東北アジアは歴史を道徳志向的に再構築することによりリアルな歴史から逃避する。日本の右派と日本以外の東北アジアは、同じ「歴史」という言葉を使いながらまったく別の対象を見ている。

このような「歴史の忘却」ないし「歴史からの相互逃避」というゲームを東北アジアで繰り広げている最中に、もっとも漁夫の利を得たのはグローバルな利益獲得集団であった。東北アジアが歴史をめぐって歯車の嚙み合わない堂々巡りを繰り返している間に、日本・中国・韓国は急速にグローバル資本化することとなった。「歴史からの相互逃避」と「急速なグローバル資本化」との間には、密接な関係があることはあきらかである。

日本の右派は、歴史の道徳志向化に抗すると主張しながら、実際はリアルな歴史現実に向き合おうという気概も欠如したまま、自分たちの居心地のよい小さな部屋に閉じこもっている。このような怠慢な態度を許し、増長させてきたのは実は右派に対する批判勢力である。つまり歴史を道徳志向化する勢力である。日本以外の東北アジアが、歴史から道徳を引き剝がすという作業をせずに放置してきたことが、日本の右派の怠慢を増大させたのだ。

このように日本の右派と日本以外の東アジアが協働して、「日本の思考停止」という状態を長引かせている。

そのことによって、世界はグローバル資本化を加速させる。東北アジアが世界のグローバル資本化の中心のひとつとなることにより、歴史的矛盾が増幅するこの同じ地域に、世界の資本と技術と欲望が集中して注がれることになる。ただし真空のような一カ所、朝鮮半島の北部を除いて。

朝鮮半島の北部だけは、歴史の矛盾を極大化させながら、グローバル資本化の潮流に抵抗している。グローバル資本化勢力に対する他者として、その「自主」という旗幟を高く掲げている。彼らの表現でいえば、「自主権はいのちよりも大切」(『労働新聞』政論、二〇一三年三月七日付)なのである(ここで「いのち」と訳した語は原語では「モクスム」であり、これは個人的な肉体的生命のことを指す。自主権つまり国家的生命こそが重要なのであって、それは個人的・肉体的生命よりも貴重なのだ、といっているのである)。

この他者をわれわれは抑圧してよいのだろうか。

この他者を消去できる権利を、一体誰が持っているのだろうか。

アメリカなら、この他者を抹殺してよいのだろうか。

他者を消去し、世界の多様性を抑圧するというグローバルな勢力の野望にとって、日本の思考停止というものほど都合のよい状態はないのだ。

思考停止と生権力

さらに重要なのは、次のことである。

それは日本の思考停止が「生のニセモノ化」に積極的に加担している、という事実である。日本の思考停止は、人間の寿命の最大化という「人類普遍の夢」に強くリンクしている。個人が長生きするためには思考停止しなくてはならないのだし、思考停止するから個人が長生きするのである。

この国ではすべての「善」は個人の肉体的生命の時間的長さに依存している。人を長生きさせる社会が「善い」社会であり、すべての価値はそこに焦点を当てている。それだけではない。この国ではさらに、「正義」までもが個人の肉体的生命の時間的長さに依存している。人を長生きさせる社会が「正義」の社会なのである。

善も正義も個人の肉体的生命の外には出て行かない。したがって肉体的生命の存続に反するような思考はそれ自体排除される。

このような状況をもっとも愉しんでいるのは政治権力である。この国の政治権力は、強権をふるわなくても、国民が望むとおりの方向性にのっとって、「生権力（biopower）」としての自己を無制限に拡大していくことができる。生権力は、国民を生かす権力であるから、思考を肉体的生命の枠内にしか働かせない日本のような社会では、もっとも増殖しやすいのだ。国民生活のすみずみにまでこの権力は浸透し、国民の肉体的生命の延長に全力を挙げる。単に国民を生かす権力だったこの生権力は、国民およびメディアからの強力な要請を受けて、いまや国民を徹底的に生かす権力にまで成長している。

このような思考に慣れた国民は、「生命とは、個々の人びとの肉体的生命である」という考えから一歩も外に出ることはできないし、また出ることを許されない。そのことがまた、国家の生権力化を極度に推し進める。個々人の生命観の自由は確保されずらくなり、国民の生命はさらに肉体化される。病院のカプセルの中で管と電気によって肉体的生命を維持することが、個人と国家の最終的な接点となる。一分一秒でも国民の肉体的生命を長引かせることができる権力が「善い」権力、「正義」の権力とされているからである。

そのことにより、国民の生は完膚なきまでに「ニセモノ化」する。なぜなら、生命の定義が国家という生権力によって握られ、メディア・産業界・アカデミズムもすべてその定義にしたがっているからである。この定義によれば、生命とは肉体的生命なのだから、百歳まで生きた人と五十歳で死んだ人との間には、価値的な序列が厳然とあることになる。国民が大義のために二十歳で肉体的生命を落とすことは価値的に否定され、それよりも炬燵で煎餅をかじってテレビのお笑い番組を見ながら九十歳まで生きた方が価値的に高い生だと規定される。

昭和の時代にはまだ、戦争で肉体的生命を超越して大義に生きた（死んでいった）者たちに対する呵責、劣等感、羞恥、哀惜、敗北感のようなものがあった。戦争で死んだ者たちによって、戦後の自分の生は生かされているのだという意識が残存していた。

しかし平成に至るやそのような意識はほとんど忘却され、単に「死んだ奴は損」「生きていること自体が幸福」という無節操な「生の肉体化」、「生の個人化」が進行した。

この感情・意識は、容易に国家主義およびナショナリズムに結びつく。なぜなら「長寿世界一」という長い間日本が掲げつづけた看板は、その長寿の中身にかかわりなく、「日本は善い国、正義の国」という認識に直接結合するからである。「日本はよい国だ。なぜなら日本国民は長生きだからだ」という生権力に迎合した認識が、ほかの世界観を駆逐していく。

これに対抗する側、つまり反政府側（左派）も、「日本は悪い国だ。なぜなら国民を自殺に追いやったり、最低水準の生活もできないような状況に陥れているからだ」という。これもまた、「個人の肉体的生命だけが生命である」という世界観であるから、必然的に生権力の強化へと結びつく。

「弱者への思いやりのない権力は悪である」という認識は、「生の肉体化」という世界観と合体して権力を無際限に強化していく。そこに歯止めはすでにかけようがない。政権への反発が、その政権よりもさらに生権力を強化した別の政権への期待を生むという「生権力的悪循環」から逃れるすべはすでにない。

どのような生がよき生であるのか。そもそも生命とは何であるのか。……このような根源的な問いを封じ込めてすべてを「肉体的生をめぐる権力闘争」に還元しようという風潮が、日本の思考停止状態をさらに深化させる。

北朝鮮の採りうる道

このことは、さらにどんな事態をもたらすのだろうか。

ひとつは、世界全体をアメリカが支配することへの無意識的容認である。

そもそも、日本人が「生の個人化」「生の肉体化」という排他的な小部屋に閉じこもっていることができる理由は、自国の安全保障をアメリカに肩代わりさせているという点が大きい。するとと、世界全体が日本のような「安逸で長生き」という状態をもし希望するならば、当然、自国の安全保障をアメリカのような超大国に丸投げするのが望ましい、という認識にいたるであろう。これを「生の安全に関する日米モデル」と呼んでもよいかもしれない。もし生が個人的であり、肉体的なものであるという命題を受け入れるなら、この日米モデルはあきらかに魅力的なのである。世界中が日本化しているといってもよい。

もうひとつは、「国家権力は、国民の肉体的生命の安全と保全のためにはあらゆることができる」という生権力の規定が絶対的であれば、当然、北朝鮮のように国民の肉体的生命の安全と保全もできない国家は、ただちに失敗国家とされ、その為政者は無能であるとされるであろう。

また、北朝鮮によって日本の国民が拉致されたという事態は、思考停止をますます増大化させることになった。自国民の生命と肉体の安全のためには、国家権力に全権を委任するという政治的状態すら望まれ、実際にそのようになったのである。拉致問題を契機として、国家権力はそのことを口実に国民の生と肉体への関与をさらに強化することに成功した。むしろ国民がそのことを自ら希望したのである。

かくして日本は、国民の肉体的生命を守ることができない北朝鮮を糾弾することにより、自らも北朝鮮と同じく国民の肉体的生命をコントロールする権力として肥大化することに成功したのである。

北朝鮮の立場に立って考えてみると、自分のまわりを取り囲んでいるアメリカ、韓国、日本はすべて、強力な生権力国家である（ただ次章で述べるように、韓国は儒教的な意味で国家を生命体と考えているので、生命が完全に個人化されているわけではない）。このうちアメリカと韓国は、その生権力が同時に戦争遂行能力も研ぎ澄ませて威嚇的な軍事演習を北朝鮮の喉元で行っている。つまりアメリカや韓国が自国民の生を強くゆたかにしようというのは、そのことによって何かに勝利しようという欲望のためなのである。何か、というのは、北朝鮮や共産主義や反自由主義や反グローバリズムの勢力などである。結局、アメリカや韓国の生権力は、闘争や勝利という概念と強固に結びついている。

日本においてそのような欲望はさして強くないが、先に述べたように日本の生権力はアメリカの軍事力に寄生した勢力である。

とするならば、北朝鮮の採りうる道は多くないことがわかるだろう。「いのちとは個人の肉体的生命である」という命題を果敢に吹き飛ばし、「国家の自主権こそが生命である」と主張しつづけること。国家の生権力化とそれによる国民の競争力強化という思想に対抗し、国家の自主権のために国民の生命を果断に費消する権力への讃歌を、国民自身に歌わせること。

これらは北朝鮮という国家が「悪」だからなされることなのではない。これこそが、東北アジアの矛盾の姿そのものなのである。

「われらは矛盾の中に生きている。これは歴史の堆積の上に築かれた巨大な矛盾である。この複雑な矛盾方程式を、ともに解く覚悟があるのか」と朝鮮民主主義人民共和国は、世界に向けて問いかけているのである。

第二章　歴史認識問題の構造

——二〇一三年七月

歴史問題は道徳問題

本章では北朝鮮のみに焦点を当てるのではなく、東北アジア全体のことを「歴史認識」という観点から考えてみよう。そしてその中で北朝鮮の立ち位置とは何なのか、ということを浮かび上がらせてみる。

二〇一二年八月から九月にかけて、日本と韓国・中国とのあいだで領土に関する摩擦が危険な水準にまで増幅化したことは記憶に新しい。また最近では、慰安婦問題がかまびすしく取り沙汰されている。日本のメディアではあまり取り上げられないが、領土問題や慰安婦問題に関しては、北朝鮮もまた厳しい日本批判を繰り広げている。

ここでわれわれが留意しなくてはならないのは、中国・韓国・北朝鮮という国家（以下、「東北アジア三国」という）に暮らす人びとにとって、日本との間の領土問題は単に尖閣諸島（中国では「釣魚島およびその付属島嶼」）や竹島（韓国・北朝鮮では「独島《トクト》」）という島の帰属をめぐる「領土」問題ではないということである。それは、それらの島あるいは島嶼群がいつどのような経緯で日本に「強奪された」のか、という、歴史問題である。またこれは、日本とのあいだの過去の出来事をどのように認識し解釈するかという歴史認識問題なのである。そしてこれら東北アジア三国にとっては、日本とのあいだの近代史というのは、邪悪な帝国主義が善良なアジアをいかに残虐に侵略したのかという道徳問題である。

つまり整理すれば、中国・韓国・北朝鮮にとって領土問題とは歴史問題であり、歴史問題とは歴史認識問題であり、歴史認識問題とは道徳問題なのである。互いに体制も国柄も異なる三国は、この点においてのみ、ほぼ完全に一致することができる（中国は二〇一二年以降、韓国に倣って領土問題を急速に歴史認識問題＝道徳問題に連結しはじめた。この意味で中国と韓国は「同志」となったのである）。

痛みの認識

このような、「歴史問題を道徳問題として把握する」というメンタリティは、あきらかに儒教的な伝統に淵源する。儒教的にいえば、歴史とは、善なる者が悪なる者を撲滅していくべき道徳志向的な場なのである。

しかしここに、もうひとつの要素がからまってくる。そのことによって道徳はさらにダイナミックな動力を得る。

それは、近代国民国家という要素である。

東北アジア三国は、儒教的な世界観の土台の上に、それとは異質な近代国民国家が接ぎ木されたものである。そしてそのことによって、国家を生命力のある実体としてとらえるという心理が増幅された。

まず、儒教的な世界観においては、人間は愛の同心円を自己の心から身体へ、身体から家へ、家から国へ、国から天下へと拡大してゆかねばならない。この愛というのは、儒教、特に朱子学の規定においては気である。つまり自己の心・身体も家も国も天下も、すべて気という同じものでできているのであり、その気の感応によって愛という情を通いあわせるのである。したがって、儒教において道徳的な存在とされる者は、すべからくこの愛の情を自己の身体から天下にまで拡大できなくてはならない（その拡大の原理が「愛之理」としての仁である）。その際に重要なのは、「痛み」という感覚である。「民を視るに傷《いた》みのごとくす」という言葉がある（『春秋左氏伝』『孟子』）。どんなに離れた場所にいる民衆であろうが、その感じる痛みを自分の痛みとして感じることが儒教的士大夫はできなくてはならないのである。

このような儒教的な「愛の同心円」は普遍主義であった。国家という単位は、最終的なものではない。それを越える気の感応（共感覚）が想定されていたのである。

だが、近代の「国民国家＝主権国家」体制は、その普遍主義を「国民」と「領土」という概念で制限した。国民や領土を越える愛の感応に対しては、吝嗇になったのである。もちろん儒教的なメンタリティは国民に色濃く残存しているから、国家という枠組みを越えようと愛の同心円は拡大運動をする。しかしひとつには中国も朝鮮も分断国家であるという制約と、もうひとつは日本の不道徳性という制約とがあって、この愛の同心円運動は挫折せざるをえない。

そのとき、どうなるか。

愛の感応は国境という境界線によって壁にぶちあたり、その閾《しきい》において拡大運動を停止せざるをえない。そしてそのかわりに、国境という壁の向こうから、竹島（独島）や尖閣諸島や慰安婦といった歴史の痛点を日本が刺戟するのに敏感に反応するようになる。

もともと儒教の同心円運動は、正確にいえば円運動というより自己を中心とする球運動である。したがって境界においては面の関係を形成する。たとえば日本と韓国の関係も、面の関係である。日韓のあいだは年間五百万人が往き来する。それだけでも、のべ五百万の人が構築する面が複雑に形成されているわけである。きわめて豊かな多様性を持った関係の面が、躍動的に時々刻々伸縮しながら形成されている。

ところが儒教的な道徳意識は、「痛み」という感覚にきわめて敏感である。たとえば韓国についていえば、竹島（独島）という面積約〇・二三平方キロの「点」が、全面的な痛みの偏在＝遍在の地として知覚されてしまう。つまり実態は複雑多様な「面」の関係であるのに、歴史的・道徳的な痛みを竹島（独島）において感じてしまうと、あたかも日韓関係のすべてがその「点」に収斂されてしまうかのように知覚されるのである。韓国人の愛の同心円が独島まで拡大したにもかかわらず、日本が過去に朝鮮半島に対して行った侵略に対して反省していないばかりか再び侵略主義に転じようとしているという道徳志向的歴史認識が、その侵略性の結節点である独島において巨大な痛みとなってすべての面を点に収斂させてしまう。慰安婦問題も同じである。

韓国人ならばすべからくこの巨大な点の激痛を自分の身体の直接的な痛みのように感じなくてはならない、とされる。なぜならそのことによって韓国という近代「国民国家＝主権国家」の立派で道徳的な一員として認められるからである。日本が独島や慰安婦に関して侵略的なこと、不道徳的なことをいったりしたりするだけで、大韓民国という愛の感応共同体は、全体が劇《はげ》しい痛みにうちふるえなくてはならない。その痛みを感じられない国民は、「不仁」つまり感覚が麻痺している状態なのである。そのような人間はこの共同体の正しいメンバーとはいえない。なぜなら大韓民国とは一個の愛の生命体であって、その生命の根本は道徳である。個々の人間も、この大韓民国という生命体が生き生きと機能していればこそ生きていけるのであって、国家という生命体が愛の共同体として機能しなくなったら、それはそこに所属している国民ひとりひとりの死を意味するのである。だから韓国は一見、生権力国家のように見えるが、生命の個人化は完成していない。

かくして、東北アジア三国に暮らす人間は、日本という不道徳な国家への対抗心を精神的なエネルギーとし、さらに自国の愛の同心円を外に拡大しようとする。しかしそれが竹島（独島）や尖閣諸島や慰安婦という点に激突することによって、愛の拡大運動が著しく破壊され、国家全体の痛みがあたかも国民ひとりひとりの身体が感じる痛みとして知覚され、日本という国家との関係は面ではなく点に収斂されてしまう。

東北アジア三国の歴史意識と道徳意識の結合は、おおよそ右のような構造でできあがっているのである。

ここにおいては、自我の存在は国家の生命なしではありえないという認識が、島や慰安婦という収斂点への痛みの感覚を伴って増幅する。

一方で分断国家であるという欠落感（身体喪失感）があり、もう一方で道徳的に邪悪な日本という脅威がある。この二正面の痛みに耐えなくてはならない。なぜなら国家という生命体がその生命を終結させるときが、国民の生命も喪失されるときだとされるからである。そしてそのような国家観を極限にまで増大させたのが、北朝鮮なのである。したがって北朝鮮こそは、東北アジア型の「儒教と近代主権国家のハイブリッド」という国家類型のもっとも極端な形といえるだろう。

儒教的な拡張主義

しかしこの「痛み」は、いったい何に関する感覚なのだろうか。個々の国民自身が自己という個人に関して感じるものではないことは、容易に理解されるであろう。そうではなく、自己の所属する国家と自己とが一体化した感覚である。

したがってこれは、個人の身体と国家とを無媒介に同一化するという条件下に成立する幻想的な感覚である。さらに、過去の歴史的体験を現在の国家に無媒介に継承させるということもそこでは可能になっている。

過去の歴史的体験は、すでに七十年も前のことだから、多くの人びとは実際には知らないことである。しかし国家の運動としては、その体験の痛みを保存し、継承していかねばならない。そのためにもっとも効果的なのは、「国家あるいは民族とは個人の身体のように継続して痛みを記憶できる生命体なのだ」という規定をすることである。あたかも細胞レベルでは日々入れ替わっている身体が、それにもかかわらず過去の痛みを記憶しているように、国家もまたその構成員レベルでは日々入れ替わっているけれども、過去の痛みを記憶していると規定するのである。だからこの痛みは幻想的ではあるが、他方でリアルなものでもあるのだ。

このような国家観は、東アジアにおいては理解しがたいものではない。そもそも儒教的な世界観においては、家族・社会・国家などの共同体はそれ独自の生命を持つという考えが支配的であった。そしてそれらの生命は、心－身体－家－国－天下という同心円を描きながら拡大していくのだと考えられた。これは四書のひとつである『大学』の規定である。

しかし、ここに問題が生じる。前述したように、儒教は元来、普遍主義（「天下主義」といってもよい）であるので、西洋近代の主権国家という概念とは相容れない。修身－斉家－治国と拡大した同心円は、国家のレベル（もちろんこの「国」は近代主権国家とは異なる）では止まらず、平天下にまで拡大すべきなのである。これが儒教の普遍主義である。

ところが西洋近代の主権国家の概念は、国家の境界を排他的に限定する世界観である。このことは、儒教的な普遍主義とは背馳する。

この矛盾に対して果敢な挑戦を試みたのが、戦前の日本であった。その掲げる大東亜共栄圏という概念は、主権国家という制約を、儒教的普遍主義によって止揚しようとした実験であった。だが「日本が中心となる拡大主義」という主権国家的な性格が強かったため、これが帝国主義の膨張主義と混同されて（実際は両者の本質はまったく異なる）、儒教的道徳主義的な側面が掻き消されてしまったのである。

この失敗の経験があるので戦後の日本は、自ら儒教的な普遍主義を掲げることは絶対にできなくなった。また東北アジア三国は、建国運動の最中やその直後には、領土の拡大や戦争という形で拡張主義を取ったが、やがて領土の拡大をともなう空間的拡張主義は、それがいくら道徳主義を標榜しているとしても困難あるいは不可能になった。

そのためそれら三国が持っていた儒教的な道徳主義的普遍主義は、時間的拡張主義として現象することとなった。これが、東アジアにおける歴史認識問題の一側面である。つまり、道徳性の実現を空間的伸張ではなく時間的伸張において実現しようという意志である。そして、この時間軸が未来に向かって伸びるためにはまず過去を道徳的に清算しなくてはならない、という思考である。不道徳な過去を共有したままでは未来への道徳主義的な時間の共有ができないのだ。したがってまずは日本に対して、過去を清算することを求めることになる。

韓国の李明博《イミョンバク》前大統領は、二〇一二年八月に韓国の日本研究者との意見交換の場で、「日本人と話していると法律家と話しているようだ」と語ったそうである。この年の光復節（八月十五日）における大統領談話では、従軍慰安婦問題に関して、「戦時における女性に対する暴力という問題に対して普遍的・人道的に対処するよう」日本に求めた。慰安婦問題に火が付いた一九九〇年代には、当時の金泳三《キムヨンサム》大統領も、「日本には補償を求めない。道徳を求める」といった。

これは、この問題に関して日本は法律を超越し、人道的観点から取り組んでほしいということをいっているわけだ。過去の道徳的問題を解決しないかぎりは、ともに未来を築いていくことができない。このことの意味は、東北アジア三国と日本のあいだで、空間的拡張主義をとることができない状況において、時間的拡張主義をとるしかないという条件がそのように規定している、ということである。

したがって日本が過去の問題を解決せず未来を共有しないというなら、空間的拡張主義に転ずるしか道はないではないか、というのが李明博大統領の竹島上陸（二〇一二年八月）の思想的意味なのである。ただしこの場合の空間的拡張主義というのは帝国主義のような膨張政策ではない。儒教的な道徳による拡大である。つまり、道徳を担っている善なる存在（この場合は大韓民国）が、その善の領域を拡大ないし確保することにより、世界を道徳的に経営するという儒教的意志なのである。

日本に依存する東北アジア

だが、東北アジアにおいては右のような道徳志向的「痛み」だけが重要なのではない。痛みとは相反する「恐怖」という感情もまた、強固に東北アジアを支配しているのである。

それは、日本が過去を清算してしまうことに対する恐怖である。

この背景には、中国、韓国、北朝鮮はすべて、建国の理念自体が打倒日本帝国主義であったという事実がある。東北アジア三国はいずれも、建国という起点が抗日・反日であるという点で、日本に全面的に依存しているという事情をわれわれは充分に理解しなくてはならない。つまりこれら三国は、国家の根幹が日本なしには成立しえないのである。

この「日本への依存」は正確にいえば「大日本帝国への依存」なのだが、実際はそのように認識されてはいない。大韓民国の建国(一九四八年八月十五日)、朝鮮民主主義人民共和国の建国(一九四八年九月九日)、中華人民共和国の建国(一九四九年十月一日)がいずれも、一九四七年五月三日の日本国憲法の施行の後であったことに留意すべきである。日本人の一般的な認識では、一九四七年五月の時点で大日本帝国は消滅し、新たに日本国が出発したと考えられている。しかしこれは革命ではなかったし、日本国憲法は大日本帝国憲法の改正であるから著しい連続性が認められる。何よりも天皇がその性格を根本的に変更しながらも存続した。

このような理由から、東北アジア三国は「日本=大日本帝国+日本国」への依存をつづけた。日本が完全に新しい国家となって、歴史を断絶させてしまうと、自分たちの国家の存立基盤が崩壊してしまうのである。したがって新生日本国に対しても「日本帝国」とか「日帝」などという呼称を使うことによって連続性を強調しつづけた。さらにまた、一九四七年以降の日本国が、一九四五年以前の中国への侵略戦争および朝鮮への植民地統治に関してその清算をしてこなかったという不作為の認識が、東北アジア三国における「日本国＝日帝」という表象の力を強化しつづけ、正当性を与えつづけた。

つまり中国、韓国、北朝鮮のナショナリズムは抗日ないし反日がその土台となっており、その意味で日本依存型であって、日本が過去を清算してしまうことにより自己の存在基盤が消滅してしまうという恐怖が伴う感情なのである。このことは、日本がこの三国の中で韓国に対してもっとも熱心に過去の清算を試み、歴代の首相が植民地支配に対して何度も謝罪しているが、韓国は決して日本のその態度を評価しないことに、充分に表れている。韓国はまた、日本との過去を清算することに恐怖しているだけではない。中国や北朝鮮との関係においても恐怖している。なぜなら北朝鮮との国家の正統性の競争において、韓国がいち早く日本を赦《ゆる》してしまうことのリスクは巨大であり（このことは後述する）、また中国との関係においては、かつて一九三〇年代から一九四五年まで朝鮮人が中国国民政府を徹底的に否定し蔑視した事実を暴かれることを恐怖しているのである（当時の朝鮮人がいかに中国を嫌悪し侮蔑したかについては、私も韓龍雲という独立運動家に関する研究論文で言及したことがある）。

日本もまた、保守側は天皇の戦争責任問題が未解決のままになっているという認識の残存に恐怖しており、この問題を提起しようとする日本の左翼や東北アジア三国に対して頑なな態度を取りつづけることにより、大日本帝国の清算というより大きな問題への積極的対応ができないでいる。大日本帝国の行為を否定することにこの勢力が極度の恐怖を感じているため、歴史問題の解決が遠のいていているのは明らかだろう。

恐怖と正統性

このように東北アジアにおける歴史認識問題およびナショナリズムは、「痛み」と「恐怖」という相反する感情を媒介している。

しかし「恐怖」の存立に関しては、次のような矛盾がある。

まず、現在の東北アジア三国は、大日本帝国の消滅後に、大日本帝国の打倒を国是として建設された国家である。したがって、その国是がもし正当なものであるなら、すでに自国によって大日本帝国は打倒されたのだから（打倒されていないのであれば当該国家の正当性は崩壊する）、東アジアの太平洋上に浮かぶ列島は大日本帝国＝日帝ではありえないはずだ。自分たちの打倒運動（抗日革命・抗日運動）によって大日本帝国が消滅したのでなくては、論理的な整合性が破綻する。

だが他方で、大日本帝国が消滅してしまったなら、自分たちの国家の運動性はその使命を終えたことになってしまい、国家の正当性がここでも破綻してしまう。このことはひとえに、先述したように、東北アジア三国が一九四七年五月三日以降に建国されたという歴史的事実にまつわる困難さから来ている。つまりこれら三国は、抗日運動に勝利したから建国したのか（その際は打倒すべき対象としての日本帝国主義はすでに消滅していなくてはならない）、それとも抗日運動の過程で建国したのか（その際は日本国憲法の成立および内容を無視ないし否定しなくてはならず、また日本国憲法を成立させた国際的条件であるポツダム宣言をも無視ないし否定しなくてはならない）、どちらであるのかが曖昧なのであり、またどちらにしても東北アジア三国は論理的に窮地に陥るのである。

この曖昧さを解消するために、「一九四七年五月以降の日本国にも、大日本帝国の残滓が濃厚に存在している」という認識が重要になってくる。このことをもって東北アジア三国は、「大日本帝国は打倒されたが、打倒日本帝国主義の運動は終わっていない」と規定することができるからである。

しかし現実には、大日本帝国と日本国とのあいだには（連続性があるので完全にではないが）断絶がある。このことを認めることは自国の運動を終止ないし弱体化させることにつながるので、この一九四七年における日本の断絶を自国において国民に積極的には知らせられない。たとえば日本国憲法には前文、第一条、第九条、第二十条などという、重要な断絶の根拠があることを、東北アジア三国では自国民にほとんど知らせていない。さすがに最近では憲法九条の存在は知られるようになったが、私の知るかぎり、一九九〇年代までの韓国では憲法九条は見えず、聞こえぬ存在であった。できるだけそれに触れぬようにしていたのである。なぜなら自国の存立にかかわる恐怖の淵源であったからだ。

かくして、日本が善なる存在に生まれ変わるという恐怖は、日本が不善である証拠（島・慰安婦）によって払拭される。だから島や慰安婦による「痛み」こそ、東北アジア三国の全国民にとってもっとも重要な共通感覚となるのである。

恐怖と痛みのあいだの矛盾

以上のように整理してみると、東北アジアにおける歴史認識問題がいかに複雑な矛盾を抱えているかがよくわかる。

東北アジア三国にとっては、まずは自国の建国の理念からして、日本国が大日本帝国との連続性を持っていなくてはならない。これは中国と台湾、北朝鮮と韓国が体制間の競争をする際にも絶対に譲歩できない条件である。体制間の競争があるかぎり、つまり中国および朝鮮半島が完全に統一されるまでは、国家存続の条件として必要なのである。日本が大日本帝国の残滓を完全に払拭してしまったら、体制間の競争の大きな部分に意味がなくなり、国家の存立自体が危うくなる。

またもうひとつは、東北アジア三国が持っている儒教的な世界観によって、普遍主義を時間的に拡張する際に、痛みを克服して過去を清算することが必ず求められるという事情がある。そのようにしてこそはじめて未来の共有ができるのであるという点では東北アジア三国は一致している。

ここに矛盾が生じることが、東北アジアの最大の問題なのである。

つまり、もういちど整理していうと、東北アジア三国は一方で、自らの存立基盤の根幹として、日本が邪悪な帝国主義でありつづけているという事態を求める。そして日本が帝国主義を清算してしまうことを恐怖する。

だが東北アジア三国は他方で、儒教的な善の世界を希求するから、邪悪な日本に対しては性善説的な干渉をして普遍的な善に向かわせようとする。

このふたつのヴェクトルがまったく逆方向に向かっていることが、東北アジアにおける歴史認識問題の解決を難しくしているのである。

その背景にはもちろん、日本がこの問題に主体的に取り組んでこなかったこと、保守側の幼稚で自閉的な歴史観によって日本の「過去の未払拭イメージ」が世界中で増幅されてしまっていること、そしてそのことが東北アジア三国の著しい経済的・外交的利益と連結していることなどがある。

そして、もし過去の清算がなされてしまったら、その後の未来への時間的拡張主義は、一体どのような方向に向くのかという問題が増大化する。過去の清算がなされていないからこそ、東北アジア三国および台湾は共存できているのだが、日本が過去の清算をしてしまうと、中国と台湾、北朝鮮と韓国は未来の共有に向かって不可逆的に動き出さねばならない。このことへのリスクと恐怖をどう管理するかという課題に対しては、いまだに生産的な解は出ていないのである。

北朝鮮と韓国

このような矛盾は東北アジア三国が共有しているものだが、特に朝鮮半島においては、「体制の競争」という事態がその矛盾を増幅させている。

韓国は北朝鮮に対して、正統性という観点から著しい恐怖心を抱いている。それは、①植民地支配された時期に金日成一派が朝鮮において抗日闘争を行ったのに対し、後に大韓民国政府をつくった勢力は植民地時代に朝鮮内で直接的な抗日闘争ができなかったこと、②建国の前後に北朝鮮は親日派を粛清したのに対し、韓国は国家建設のために親日派を粛清できなかったこと、③政治・経済・防衛において自主的・自立的な立場を貫いている北朝鮮に対し、韓国はそのすべてを米国に依存していること、の三点がもっとも重大な論点である。この三点のみを取り上げれば、国家の正統性という意味で大韓民国は朝鮮民主主義人民共和国に敗北してしまう可能性があるのである（ただし親日派の粛清に関しては、最近、北朝鮮におけるそれが組織的でも体系的でもなく、恣意的なものであったという韓国の歴史家からの批判がある）。

これら三点は大韓民国の弱点とされている。しかし韓国側はこれに対し、①北朝鮮は一九五〇年六月二十五日に突然南侵し朝鮮戦争を始めたこと、②北朝鮮は国民を飢餓から脱出させえず、経済的な問題を解決できていないこと、③北朝鮮は民主化できておらず、独裁体制を続けていること、という三点をもって論駁する。特に韓国の左派の人たちと話していると、このうち③の論点がもっとも重要であると考えているようだ。韓国は自力で民主化を達成し、世界に冠たる民主主義国家になったという自負と誇りが、その背景にはある。民主化の達成をもって、韓国は北朝鮮との体制の競争に勝利した、というわけである。

とはいえ、国家の起源の部分（抗日闘争、親日派の粛清）において大韓民国が朝鮮民主主義人民共和国に対して劣等感を抱いていることはたしかである。朴槿恵《パククネ》大統領による光復軍再評価も、北朝鮮の抗日実績に対抗するための作業である（光復軍には実際の抗日実績がなかったことは、この軍の指導者であった金九《キムグ》の日記によって明らかである。だが最近、朴槿恵大統領は中国の習近平主席とともに光復軍の「実績づくり」に積極的になっている)。

このことが歴史認識問題にも大きな影を落としている。

すなわち、独島問題や慰安婦問題や靖国問題などに関して、北朝鮮が日本との和解を進めないうちは、韓国は決して先走って日本との和解はできないのである。日本が植民地支配に関して過去に韓国に対して何回も謝罪しているにもかかわらず、韓国側はつねにそれを忘れたかのように振る舞う一因も、そこにある。独島や慰安婦や靖国神社など未解決の問題があるにもかかわらず、日本が韓国にのみ勝手に謝罪してしまうのは、韓国にとって迷惑なことなのである。それらの問題を解決しようとしない不道徳な日本がその不道徳性を糊塗するために口だけで謝罪してもらっても信用できない、という理由のほかに、韓国だけが日本を赦してしまったら、北朝鮮との道徳性競争において圧倒的に不利になる、という側面があるわけだ。

日本はこれらのことを充分に理解しなくてはならない。すなわち、もし植民地支配に対して謝罪する気があるのなら(実際、日本は謝罪を繰り返してきたが)、韓国だけではなく北朝鮮に対してもしなくてはならないのである。そしてそのことをもっとも明確に述べることができる場は、日朝国交正常化の瞬間以外ではないだろう。二〇〇二年九月の日朝平壌宣言の際に、小泉純一郎首相(当時)は明確に謝罪をしている。それを踏襲すればよいのである。日本と北朝鮮との間で過去の清算が進展し、歴史問題の解決が進行すれば、韓国側としてももっと堂々と日本との歴史和解ができるはずなのである。
いずれにせよ、イニシアティブは日本側にあるのである。

イニシアティブは日本にある

そう、イニシアティブは日本が握っている。それなのに、この国は何が悲しくてそのイニシアティブを発揮せずにいたずらに自らを窮地に陥れているのであろうか。安倍晋三政権や橋下徹大阪市長の振る舞いを、「歴史認識問題における瀬戸際外交」と呼ばずして何と呼ぼう。「瀬戸際外交」とは、わざと自らに極度に不利な状況をつくっておいて、相手に圧倒的に有利な立場を提供することによって逆に何らかの利益を得ようとする方法だ。だが歴史認識においては、得るものは何もないであろう。

歴史認識をめぐる安倍氏や橋下氏の言動は、正確にはアクションではなくリアクションである。それは、東北アジア三国の抗日的生存競争の枠組みに自己をあてはめただけの、依存的なメンタリティの発動である。

これを思考停止といわずして何といえばよいのだろうか。東北アジア三国が自己のサバイバルのためにつくりあげた歴史観に「否」といえず、それをそのまま鵜呑みにしてその枠組みの中に自らはいりこんでしまっている。

日本が思考停止から抜け出すためには、相手のつくりあげた枠組み（抗日史観）に自らを合わせる（反抗日史観）のではなく、自らがまったく新しい枠組みをつくりあげなくてはならない。歴史認識における日本発の新しい枠組みをつくらなくてはならないのである。

それはどういうものであろうか。

ひとことでいえば、日本が歴史問題に関して世界のリーダーになる、という道をつくるための枠組みである。

たとえば日本は、朝鮮の植民地支配に対して過去に何度も、韓国に謝罪をしてきた。日本は、韓国がいうような不道徳な国家ではない。政治的・外交的環境のせいで、日本の謝罪が相手に伝わっていないことが問題なのである。そしてそのことに苛立つ日本の保守勢力が、逆に歴史認識における強硬派になってしまうという悪循環が断ち切れていない。植民地支配の時期に行ったことに関して、さまざまな立場の違いはあるし、その違いを無視・否定・消去しては絶対にならないが、総じていえば植民地支配が朝鮮の人びとに多大な苦痛を与えたことは認め、そのことを謝罪するという一線は、越えてはならないのである。たとえば私は、植民地時代に朝鮮は近代化したと考えているので、韓国の「植民地収奪論者」とは立場が異なる（収奪をしなかったというのではなく、収奪をしたが近代化もしたと私は考えている。また近代化自体の問題点を衝く植民地近代性論にも大いに共感する)。しかし、そのことが植民地統治を正当化することはできないと考えている。他者によって自らの文化や社会、世界観を踏みにじられた人びとの苦痛は充分に理解され、共感されなくてはならない。

このような植民地支配の全体に対する植民地被支配者に対する謝罪は、日本が世界のなかで率先して行ってきたことである。そのことを再確認し、挫けずにこの道をさらに進まなければならない。

またたとえば慰安婦問題に関しても、橋下氏のいうように日本だけでなく西洋列強の多くが似たような女性蹂躙をしたのは事実なのだから、そのことを明確にするためにも、日本は世界に先駆けてこのことを謝罪し、解決すべきなのである。そして西洋の諸国に対しても、同じことを促すべきなのである。「西洋諸国も同じようなことをしたのだから日本も謝罪する必要はない」という論理ではなく、人類が無視してきた戦時の女性蹂躙問題に関して、日本が世界をリードして解決の枠組みを提示すべきなのだ。

このように、歴史問題に対して日本が率先して道徳的な立場を取ることしか、この問題の解決方法はない。特別に不道徳なわけでもない日本国民全体が、東アジアの抗日史観に従属する日本の一部の保守政治家のせいで、これ以上「きわめて不道徳な国民」という不名誉なレッテルを貼られていてはならない。

そのためにこそ、日本はまず、北朝鮮に対して歴史問題の和解の枠組みを提示すべきなのである。日本にとって北朝鮮との国交正常化が大切である理由のひとつは、まさにここにある。

恐怖と痛みを超えて

先日、在日コリアンの人びとの集いで講演をした。内容は歴史認識問題と北朝鮮問題であった。質疑応答で、次のような意見が出たのが印象的だった。

「慰安婦問題が騒がれているが、自分が日本で日常的に感じている感覚からいえば、日本人の多くは元慰安婦たちにすまないという気持ちを持っているのではないか。安倍氏や橋下氏の見解に賛成する日本人は少ないだろう」。

これは、在日コリアンの言葉として貴重である。日本社会の一員として長年ここに暮らしている一般的な感覚からいって、安倍氏や橋下氏の歴史観は日本人を代表するものではないといっているのである。このような当たり前の認識を、東北アジアの人びとに知らせ、納得させなくてはならない。そのことによって、東北アジアの抗日ナショナリズムと日本右翼の反・抗日ナショナリズムとの幸福なコラボレーションを終結させなくてはならないのである。

もうひとつの意見はこうだった。高齢の人である。「自分は、日本軍部は嫌いである。あの戦争で国民の命を捨てたのは軍部である。しかし自分は天皇陛下は好きである。天皇陛下こそ、今の日本のナショナリストたちの見解をもっとも嫌っているのではないか」。

これも貴重な意見である。

日本国民はもうこれ以上、歴史問題に関して放言を繰り返す為政者を抱えていることに限界を感じているだろう。このことを明確にするために、天皇の力を借りることがもっともよい道なのかもしれない。歴史認識問題は人道問題である、と東北アジアの諸国もいっている。つまり政治問題ではないのである。それなら、天皇がこの問題に関して発言しても問題はないはずだ。おそらくはこの問題に関して日本でもっとも心を痛めているであろう人が、そして日本が人道的な国家であってほしいともっとも希っているであろう人が、日本の無責任な放言者とアジアの傷ついた人びとに向けてひとこと強く語ることが、今求められているのかもしれない。

ただしそれは文字通りの最終手段である。そのあとには何もない。われわれはそのような最終段階に自らを追いやる必要はない。国民と政治家が東アジアの矛盾を正確に認識し、歴史を前に進めることはできるはずなのだ。

第三章　日朝国交正常化をせよ

——二〇一三年十月

今、何が危険なのか

東北アジアにおいて今、何がもっとも危険なのだろうか。

北朝鮮の核問題と軍事的冒険であろうか。日本の「右傾化」であろうか。中国の覇権主義化であろうか。韓国の中国接近であろうか。日本と中国・韓国（そして北朝鮮）とのあいだの領土問題や歴史認識問題だろうか。それともこの地域で軍事的・経済的な影響力を強く行使したいという米国の野望であろうか。

これらすべてが危険である。ここでは何がもっとも危険なのか、という問いは意味をなさない。もろもろの危険は複合的かつ相互依存的である。だが、東北アジアの危険に関して、やや抽象度を高めて考えてみると、次のようなことがいえるだろう。

「東北アジアの諸国家は、それぞれ他国のニヒリズムに対して強い不満ないし優越感を抱いており、かつ同時に他国がニヒリズムを克服することに対する強い恐怖心を抱いている」

どういうことだろうか。

＊これ以後の叙述において日本とか韓国、北朝鮮などと語られているものは、それらの国家の構成員全体を指しているのではない。それらの国家のなかの最も影響力のある勢力を、

今便宜上、国家の名をもって語るのである。

たとえば韓国の能動性は、日本のニヒリズムと北朝鮮のニヒリズムに対する反作用として作動している。政治においては、北朝鮮が独裁的体制をとりつづけて人権を蹂躙するというニヒリズムを継続することに対する反発と反作用によって、韓国は自国の民主化を能動的に推し進めるわけだ（ただし韓国の民主化勢力の一部が北朝鮮の体制にあこがれを持っているのは、興味深い「ねじれ現象」だ）。経済においてはもちろん、北朝鮮が改革・開放をしないというニヒリズムから脱出できないことと韓国が果敢にグローバル化を進めて経済発展していることは、完全な非対称の関係にある。また歴史認識においては、日本が過去を道徳志向的に再解釈しないというニヒリズムを継続することに対する反発と反作用によって、韓国は歴史を（史実そのものの重視ではなく）道徳志向的に再解釈するという能動性を強く発揮するわけである。

つまり韓国は、北朝鮮および日本がニヒリズムに陥っていることを自らの前進と変革の原動力にしている。

これは、日本がかつて明治期に、朝鮮という停滞とニヒリズムの場を謝絶して自己の変革に邁進するだけでなく、朝鮮に道徳志向的に介入してそれを改造してやろうという過度の能動性を展開したのと、似ている現象である。それゆえに危険なのだ、と認識しても大きな間違いではないだろう。他国のニヒリズムを他山の石として自国の改造や発展に励む、といううちはまだよいが、それを超えて他国への善意の干渉という事態にまで進むとなると、危険度は一気に増すことになる。

日本は日本で、北朝鮮を「民主主義も人権も経済発展も平等もない悪のニヒリズム国家」と認識することにより、日本と北朝鮮とのあいだに何らの積極的な接点もつくらないよう、細心の注意を払いつづけてきた。韓国に対しては「歴史の事実に目を向けず、自国中心的に歴史を恣意的に解釈するニヒリズム国家」だと規定し、それとは異なる「自由と民主主義の国家」としての日本を反措定してきた。日本から見ると韓国も北朝鮮もニヒリズム国家に見えるのである。

だが、北朝鮮から見ても事情は同じである。いや、むしろもしかすると、北朝鮮から見た日本と韓国が、もっともニヒリスティックに見えるのかもしれない。それは、「自国の誇りと自尊心をすべて投げ捨て、自国の現在と未来を全面的に米国に委ねることにより、自らはなにも考えず、なにも決定しない」という意味での自主性の完全な放棄である。この点において日本と韓国は軌を一にするのであって、米国にへつらう傀儡国家のニヒリズムは唾棄すべきもの以外の何ものでもないのである。つまり、北朝鮮とは、日本と韓国の百%の受動性を東北アジアにおいてバランスさせて、少なくともプラスマイナスゼロにするための百%の能動性なのである。

このように考えると、東北アジアにおいて、「北朝鮮が悪い」「韓国が悪い」「日本が悪い」などという「一国悪」的認識は間違いなのであって、米国や中国などを含んだ関係性のなかで相互依存的に認識しあっていることがわかる。

また右記の認識は国家が主語となっていたが、実際に主語になるのは人である。そしてどんな人がどのような主語になるかという様態が、それぞれの国家や社会、イッシューごとに異なる。このことも事情を複雑にしている。

恐怖心の交錯する東北アジア

このように、東北アジアにおいては、互いに他国のニヒリズムへの蔑視と、それへの反発・反作用という力学が強く働いていることがわかる。

だが、事情はそれだけではない。

東北アジアにおいては、互いに他国がニヒリズムを克服して「ちゃんとした国家」になってしまうことを極度に恐怖しているのである。このことが、東北アジアの国際関係を極度に複雑にしている。

たとえば韓国は日本に対して、従軍慰安婦・靖国神社参拝・歴史教科書という歴史認識問題をつねに提起しつづけているが、もし日本がこれらをすべて韓国のいうとおりに解決してしまったら、どうするのであろうか。つまり、日本が歴史認識を完全に韓国と一致させ（それ以外の道を認めない、ということを韓国は「正しい歴史認識」という言葉で表現している）、完全に韓国の納得のいくように振る舞ったとしたら、韓国はどうするのか、ということである。

おそらくそのとき、韓国は一方では大々的な歓迎の意を表しつつ（これは全世界に向けて韓国の普遍的道徳性の勝利宣言をすることである）、他方では劇《はげ》しくとまどうのではないだろうか。それは、第二章で語ったように、大韓民国の建国の理念を消滅させてしまうことにつながるからである。そして韓国が日本と歴史認識において完全に和解するということは、北朝鮮との体制の競争において、韓国に致命的な傷を与えることになるからである。

だが、問題をもっと複雑にしているのは、韓国の中にも多様な人間がいて、日本との歴史和解に関して多様な見解と立場があるという点である。日本との歴史和解を心から望んでいる勢力ももちろん韓国には多いし、それは政治的な思惑とは一線を画している立場である。だが、問題は、現在の朴槿恵大統領こそ、韓国の中でもっとも、「日本との歴史和解」によって打撃を受ける人物であるという事実である。彼女の本心は、日本との歴史和解を真摯に望んでいると思われる。そこには政治的思惑はないであろう。歴史に対して誠実に向き合いたいという個人的・民族的心情に忠実なのが、朴槿恵大統領であろう。だが、彼女の危険な立場は、その心情を政治から分離することを許さない。国内の左派あるいは野党によってもっとも激烈に批判され攻撃されるのが、彼女の「売国的血筋（父親である朴正熙《パクチョンヒ》との関係）」が大日本帝国および傀儡満洲国にルーツを置いているという点なのである。

これは大韓民国の理念からすれば、まさに致命的な欠陥である。だが、二〇一二年十二月の大統領選挙においては、大韓民国の近代化・産業化の輝かしい成功の歴史が、彼女の暗い血筋の欠陥を凌駕した。そして彼女は大統領に当選することができた。大統領選挙期間中に韓国（ソウルおよび地方）で取材した私は、左派による強烈な朴槿恵候補批判に対して、「極貧だった大韓民国をこれほどゆたかに誇りある国家にしたのは誰だと思っているのか（朴正熙である）。大韓民国をここまで立派にしたのは、地べたをはいずりまわって苦労を苦労とも思わずに血と汗を流してがむしゃらに働いてきたわれわれだ。歴史を何も知らない、若く無知蒙昧な左派の奴らめ」という中高年の怒りの言葉を何度も聞いた。

だが、二〇一三年二月の就任以降、朴槿恵大統領の成果はこれまでほとんどない。二〇一三年の夏に韓国の識者たちに会って話を聞いたが、みな一様に、「朴槿恵の成果は外交だけだ。それ以外はない」といっていた。外交というのは、米国と中国に行って「大歓迎」されたことを指している。外交の優先順位において日本より中国を明確に上位に置き、中国との一体感を強めてそれにより米国との関係も強化するという戦略である。だが、経済をはじめとして山積する問題には、ほぼ何の成果も出せないでいる。経済のイッシューは「経済民主化（大企業偏重の是正、格差の解消）」と「創造経済（製造業中心からの脱皮）」だが、この二つは遅々として何も進んでいない。韓国国民の性格はせっかちである。政権発足当初にパワフルな改革をしても成果が出なければすぐに飽きられ、大統領任期を四年残して（つまり就任一年で！）レイムダックに陥るとさえいわれる。ましてや朴槿恵政権は、発足以来、外交以外にまだ何もしていないのである。

このことは、東北アジアに危険な要素を持ち込むことになる。朴槿恵大統領は歴史にからめて自己の不道徳性を左派や野党に攻撃されることをさらに恐れることになるので、日本との和解に関しては、妥協ではなく「正しさ」を徹底的に追求していくことになるだろう。つまり日本との和解は遠のくことになるに違いない。だが、これはありえない想定だが、もし日本政府が歴史認識に関して、朴槿恵政権が主張することと合致する線を打ち出して韓国と和解しようとすると、韓国はどうなるだろうか。

おそらくそのときこそ、朴槿恵政権および国民が、大韓民国の存在とは何なのかについて、真剣に考えるときなのであろう。つまり、建国の理念を果敢に解消し、大韓民国は大日本帝国の圧政からの解放という使命を終え、東北アジアの新しい秩序を構築するための完全に新しいビジョンを打ち出すという覚悟である。そしてこのときには、北朝鮮からの強い批判も一撃のもとに撥ねのけなくてはならない。つまり、韓国はすでに日本と和解したのであるから、いまだに和解できていない北朝鮮より上位の立場に立つということである。

だが、このシナリオは当分のあいだ、ありえないであろう。日本の現政権が韓国の満足する線で歴史認識を修正する可能性はないし、韓国が日本との完全な歴史和解というリスクを冒す可能性もないのである。

動けない東北アジア

つまりここには、韓国の政権が日本の政権に対して「歴史をめぐるニヒリズムに囚われた勢力」と見るだけでなく、相手がそのニヒリズムから果敢に脱却してしまう可能性に対して極度に恐怖しているという構図が見てとれる。かつて一九九〇年代に、従軍慰安婦問題に関して日本政府がかなり誠意ある態度を取ったとき、韓国側は過度に強い態度で日本側の対応を不道徳だと規定したことにも、そのことはよく表われていた。

このたぐいの恐怖は、東北アジアのほかの国家にも蔓延している。

たとえば韓国は、「北朝鮮は民主化や経済改革においてニヒリズムに陥っている」と批判するが、もし北朝鮮がそれらを解消して民主的な政権になり、経済発展した場合には、どういうことが起きるだろうか。体制の競争は今よりもさらに激烈になり、韓国の余裕ある優位性は崩壊するだろう。

また日本政府も北朝鮮に対して同じような批判をするが、もし北朝鮮が民主化して経済発展をしたら、それを助け、国交正常化をするというのだろうか。論理的にいえば、しなくてはならないであろう。

このように、東北アジアの現状は、互いに相手のニヒリズムを批判しつつ、そのニヒリズムが解消されることを恐怖している。だから動こうとしても動けないのである。ほんとうは動けるにもかかわらず、恐怖心のために動けないのである。

この「東北アジアが恐怖心によって動けない」という事実によってもっとも利益を得ているのは、米国と中国であろう。もし日本・韓国・北朝鮮が果敢に歴史を再解釈し、和解のプロセスを劇的に進め、東北アジアのステイタス・クオーを変革する意志を示すことがあれば、米国と中国は文字通り慌てふためくであろう。

米国も中国も、日本と朝鮮半島は日本と朝鮮半島のために存在するのではなく、自国の利益のために存在するわけだから、自国の思惑から逸脱した振る舞いに対しては、あたかも警察のように阻止するということは当然のことである。われわれは朴正熙の暗殺や田中角栄の失脚に、米国の影を認めておののいてきた。

「動く日本」はありうるか

二〇一三年の五月中旬に、日本の飯島勲内閣官房参与が平壌を訪問した。

日本外交が国際舞台で久々に放ったクリーンヒットである。

もちろんこの訪朝に関しては、飯島氏側と外務省との連携のまずさが禍根を残すことにつながったといわれる。

また、米国、韓国を中心として、不快に感じる勢力が多かった。米国も韓国も、「ここまで取り乱すか」というほどの反応を見せた。もちろん米国の場合は、それは単なるポーズだったかもしれない。裏では日本政府との何らかの合意があったのかもしれない。

しかし、表向きは慌てたことは、たしかである。

そしてこのことこそ、今の東北アジアに真に求められることなのである。

つまり、「誰が東北アジアを動かすのか」ということが、もっとも重要なことなのだ。

そもそも、韓国の李明博前大統領が二〇一二年の夏に竹島（韓国名・独島）に上陸したり、いわゆる「天皇訪韓謝罪発言」をした背景には、「動かない日本」に対する反発と恐怖があった。

日本の植物性に対する諦念と蔑視、そしてその植物性が悪しき動物性に変身してしまうことへの恐怖があった。つまり、従軍慰安婦問題に関して人道的な対応をしようという積極性をまったく見せない非能動性、そしてそれとは逆に領土問題や安全保障に関しては「国家主義化」「右傾化」を進めるという悪しき能動性……このことに対する苛立ちが、韓国の前大統領に取り憑いていた（だがもし善き能動性を日本が示したら大韓民国の未来はどうなってしまうのか、というビジョンはなかったように思える）。

「日本は動けない国家である、あるいは悪しき方向にしか動けない国家である」という認識が、韓国には強くある。これは韓国だけでなく、中国や北朝鮮も共有しており、さらに部分的には米国も共有している認識である。

私としては、東北アジアのよりよい未来のためには、日本がこのような認識から自ら脱皮することがもっとも重要なことなのではないか、と思える。

日本が能動的に動ける国家であることを示すことが、東北アジアの安定と平和にとって、必要なことなのだと思うのである。

これまでは、「日本は動かない」という認識が東北アジアで長い間常識化していた。だから日本が少しでも動こうものなら、蜂の巣をつつくような大騒ぎをこの地域ではしてきたのである。しかし、「日本も普通の国家である以上、自国の利益そして東北アジア全体の利益のために、自ら動くことができるのだ」という認識を認めさせ、そしてそれをやがては常識化しなくてはならない。日本が少し動くことによって、この地域のすべての国家が大騒ぎし、そのために限られた政治的リソースを無駄に費消してしまう、ということこそが、この地域の最大のリスクのひとつなのだ。

それは、核開発問題や「ミサイル」発射問題などでつねに動きに動きつづけている北朝鮮に対して、国際社会がその対応に疲れを見せ、やがてはその通常化し日常化した動きに対して政治的リソースを使いたがらなくなってしまったのと、正反対の意味でのリスクなのである。

だから今、日朝国交正常化

日本が動ける国家であり、実際に動くのだ、という姿を見せることが、長い目で見ると東北アジアの安定と平和につながる。

それでは、具体的にどう動くのか。

まずは歴史認識問題を果敢に解決する勇気が必要だと私は考える。これは前章でも語ったことである。韓国政府のいう「正しい歴史認識」なるものに日本の認識を合致させることはできない。それは自由と民主主義に対する悪しき挑戦である。だが、互いに歩み寄って「ぎりぎりの線」を探ることはいくらでも可能なはずである。

このことをできるだけ早くやり遂げることが、日韓両政府に対しては求められるが、残念ながら現状ではそれは困難であろう。

それなら次に何があるのか。

日朝国交正常化である、と私はいいたい。

東北アジアが東北アジアとして何らかのゆるいまとまりを持ち、その中で互いに自主性を持った関係を構築するためには、日本と北朝鮮が国交正常化することほど劇的な変化はない。もちろん韓国と北朝鮮が統一することがより根源的な意味での「新しい東北アジアの構築」といえるだろうが、その前哨の段階として、日朝国交正常化を位置づけるべきである。

もちろん米国や韓国からの反発は強いであろう。飯島勲内閣官房参与が訪朝しただけで過剰な反応を示したのだから、日本が正式に北朝鮮との国交正常化を推進するということになれば、日米韓関係は一時的に大いに混乱するであろう。

したがって日本政府が弱体であるときに、このような冒険はできない。だが、日本の政権は今、久方ぶりの追い風に恵まれている。衆参のねじれをきれいに解消し、アベノミクスが成功しつつあるというイメージを国民がかなりの程度共有し、消費税率を引き上げると発表してもさしたる反発のない今、安倍晋三政権は、一気に打って出るべきではないのか。時間は、二〇一六年夏の衆参ダブル選挙まで三年近くある。二〇一五年九月の総裁任期満了までで も、二年近くある。一時的に世論が逃げていったとしても、また戻ってくる時間的余裕は充分にあるのである（この原稿が雑誌に掲載された後、安倍政権は二〇一四年十二月に衆議院を解散し、総選挙の結果自民党は勝利した）。

米韓からの反発はおそらく、一時的なものである。「日本の動き」に慣れていないため、今まで動かなかった石が突然動いたといって騒ぐのは当然である。しかし、日本には東アジアの未来をよりよいものにしていくビジョンと意志と責務があるのだ、ということをきちんと説明すれば、理解は得られるであろう。

韓国は北朝鮮との経済力が乖離すればするほど、統一前後の経済的負担に関して恐怖心を抱いている。日本が北朝鮮と国交を正常化して、資金と技術が流入し、北朝鮮のインフラを整備することができれば、韓国としても負担は大幅に軽く済むわけである。

米国には確固たる対北朝鮮政策はない。対話と圧力といっているが、実際は論理的な一貫性のない関与と無視のあいだを右往左往しているだけである。だが、これは対北朝鮮戦略がないという意味ではない。戦略はある。ただ、その戦略にのっとると、戦術がないように見えるだけなのだ。つまり、「その時期その時期において、米国の利益になるように北朝鮮を扱う」というのが米国の戦略なので（もうひとつは、「中東との優先順位において決して北朝鮮を上位に置かない」という戦略）、その通りに実践しているだけなのである。

日本が北朝鮮と国交正常化するといえば、強欲な米国のことであるから、北朝鮮に関する利益を日本に取られるといって大騒ぎをするであろう。しかし、日本の行動が米国の利益にもなるということを説得すれば、理解するにちがいない。一九七二年の日本と今の日本は、重みからいっても成熟度からいっても、格段の違いがあるはずである。成熟度というのは、米国を親としたときの子としての日本の「大人度」のことである。日本は残念ながらまだ米国から独立はできていない。しかし、一九七二年よりはずっと大人になっているはずなのである。

日本国民の誤謬

日本国民は日朝国交正常化に対して、どう考えるだろうか。

このことに関してはまず、根本的な姿勢の間違いから指摘しよう。

二〇〇二年秋から十年以上にわたる日本国民の一般的なメンタリティは、「北朝鮮は拉致という犯罪行為を行った悪の国家である。傍若無人な核開発やミサイル発射もしている。暗黒の世襲制独裁王国である。国民は塗炭の苦しみにあえいでいる。そんな国とつきあうなどというのは常軌を逸している。北朝鮮とは一切関係を絶つべきだ」というものだったと考えられる。

このことがいかに論理的な誤謬であったか、日本人は真摯に反省すべきだ。

国家は個人ではないのである。個人であれば、犯罪行為を犯し、また今後も犯しつづける可能性のある人間とつきあわないという選択肢は、合理的なものであるかもしれない。しかし、国家の場合には、その選択肢はありえない。なぜなら個人とは異なり、国家はつねに移動せずに一定の場所に位置しているのであり、特に空間的に近接している国家の場合には、その国家と一切の関係を遮断するということは、事実上不可能だからである。

また、個人の場合には、犯罪行為を犯した人間に対しては、そこが法治国家であるかぎり、行政および司法の諸機関が適切に動くことによって何らかの合理的な制裁が加えられることを期待するのは正しいことである。したがって、逮捕、起訴、裁判などという一連の法的行為によってその人の罪に何らかの意味が与えられ、そのことによってまわりの人が満足感や安心感など何らかの気持ちの整理をつけられるということは蓋然性が高いことといえる。ただしこの場合も、犯罪行為を犯した人間を批判したり糾弾したりするということには、一定程度の限界が設定されるべきであろう。

ところが国家の場合はそういうわけにはいかない。悪い行いをした国家だからといって、第三者である何らかの機関が法的かつ公正な手続きのもとにその国家を裁いてくれるということは、ありえない。国連や国際司法裁判所などの国際機関に、完全に客観的かつ公平な非政治的判断を期待するのはむずかしい。基本的には、悪い行いをした国家とのあいだで直に問題を解決しなくてはならないのである。そのためには、少なくともその国家との関係を維持していなくてはならないはずである。

われわれは十一年を無駄にした。拉致被害者とその家族は、十一年の時間を虚しく過ごしてしまったのである。二〇〇二年九月の日朝首脳会談で金正日総書記（当時）は、小泉純一郎首相（当時）に拉致問題について謝罪したのだから、それを起点としてより生産的な日朝関係を構築することもできたはずなのだ。

日本側の言い分もたくさんある。北朝鮮のやり方に信憑性・持続性・誠実性がないのも事実であった。だが、日本は最悪の選択をした。つまり、北朝鮮との関係を事実上絶ってしまったのである。

「日本が北朝鮮に圧力をかけているのは、対話にもちこむための戦術であって、その意味で日本政府は北朝鮮との関係を絶っていない」というのは詭弁というものである。

日本政府は単に判断のミスをしたにすぎない。圧力をかければ北朝鮮は崩壊するか、あるいは少なくとも弱音を吐いて妥協してくると考えたのだ。これは完全な誤算となった。北朝鮮は崩壊するどころか核開発をさらに進め、今や事実上の核保有国となった。「人工衛星」も飛ばした。経済状況は好転しているか不明だが、少なくとも一九九〇年代後半の「苦難の行軍」時よりは劇的によくなった。北朝鮮は得るものをすべて得たといって過言でない。そして日本は得たいものをひとつも得られなかった。これほどの非対称な関係をほかに探すのは、困難なほどである。

二国間において日本が失ったものばかりではない。六カ国協議においても、日本は自国の拉致問題に執着しすぎて、全体の方向性を読み誤った。「日本がいるから何も進まない」という認識は間違いなのだが、そのような間違った認識を持ちたい四カ国（日本と北朝鮮以外の国）の欲望を止めるわけにはいかなかった。六カ国協議が進展しないのは北朝鮮の戦術の成功の結果なのだが、それを「日本のせい」にしたい四カ国に対して日本は絶好の材料を提供してしまった。日本の評判は極度に悪化した。

「拉致問題をほんとうに解決したいのだったら、北朝鮮とのあいだに緊密な関係をつくらなくてはならない」というもっとも初歩的で絶対的な認識を、なぜ日本は見失ってしまったのだろうか。日本におけるナショナリズムの高揚期と、拉致問題への関心が集中した時期が、偶然にも見事に重なってしまったことがもっとも大きな要因かもしれない。

この問題はナショナリズムで解決できるたぐいのことではない（実際、ナショナリズムで解決できることはさして多くない）。背広の襟に青いバッジを付けている人びとが、「自分は愛国者である」という意味をそのバッジに付与したことが、不幸の始まりであった。やがてこの「愛国者」の意味は、「孤立的愛国者」であることが判明した。近隣諸国とは競争と敵対の関係だけを望んでおり、生産的な関係を築いていこうというマインドの乏しい人が、誇らしげに青いバッジをきらめかすのであった。これでは拉致問題は解決できないだろう、と多くの人が気づきはじめてからもう数年が経つが、いちどつくられた強固なパラダイムは容易に変化してくれない。その中で痛々しく翻弄されつづけているのは、まさに拉致被害者の家族たちなのである。

関係を構築するしかない

青いバッジの意味をもういちど吟味していただきたい。それは「拉致問題の解決」という意味であったはずだ。「ナショナリズム」とか「北朝鮮は崩壊せよ」という意味であってはならないし、そういう意味をもし付与したいのであれば、それは「拉致問題の解決」とは背反する方向性の言葉であることを認識していただきたい。

拉致問題解決のために日夜駆け回ってきた人びとに対して、私はかぎりない敬意を持っている者である。だが、だからこそ残念なのは、この問題をナショナリズムで解決しようというメンタリティの過剰さである。

ナショナリズムに訴えれば、当然、「北朝鮮は悪い」という認識をかぎりなく増幅させることになる。「実際、北朝鮮は悪いではないか」という反論があるかもしれない。拉致問題に関するかぎり、たしかにそうであろう。しかし、だからといって、「北朝鮮は悪い」という認識だけにしがみついて国内で集会をしてシュプレヒコールを挙げているだけで、二国間の問題が全自動洗濯機のように勝手に解決されるわけはないのである。

このことは、日本の戦争責任を問いたい中国の人びとが、いくら「日本は悪い」というナショナリズムの心情を高揚させて中国でデモをしたりしても、そのことによって日中間の問題が自動的に解決するわけでは決してないことを考えれば、小学生でも簡単に理解できることだろう。

「拉致問題をほんとうに解決したいのだったら、北朝鮮とのあいだに緊密な関係をつくらなくてはならない」と先ほど私は語ったが、これは正確ではない。正しくは、次のようにいうべきだろう。「拉致問題をほんとうに解決したいのだったら、北朝鮮とのあいだに持続的かつきわめて緊密な関係をつくらなくてはならない」。これは核問題や「ミサイル」問題に関しても同じである。

「持続的かつきわめて緊密な関係」の構築を通してのみ、二国間の問題を解決できるのである。でなければ戦争をするしかない。戦争ができないのであれば、緊密な関係を構築する以外に選択肢はただのひとつもないのである。

ミスターXでもミスターZでもよいが、そういう特定の人物との「点や線の関係」だけでは問題は決して解決しない。北朝鮮のしかるべき地位にある人物たちとの「面の関係」を構築しなくてはならない。

さらにいえば、その関係は「東洋的」関係でなくてはならない。どういう意味かというと、中国の古典に出てくるような人間関係でなくてはならないということである。東北アジアはいまだに、機能的で実務的な会合で何か重大なことを決定するという地域ではない。国家を背負った重要なことに関しては、腹と腹とを割った、大人《たいじん》と大人の関係で進めなくてはならない。『論語』や『三国志』の世界が、いまだにリアルに生きている。実際の交渉官の性別は男性でも女性でもいいが、彼あるいは彼女は中国古典的な意味で充分に「男」であり「士」でなくてはならない。豪放かつ磊落、国を背負って大事をなすに匹敵する、徳のある人物でなくてはならない。このことはわれわれが周恩来という人物に心から感服した一九七二年のときと、さして変わっていないのである。毛沢東、周恩来、田中角栄、大平正芳という役者が揃ってはじめてなしえた日中国交正常化であった（この当時はほかにもまだたくさんの「人物」「士」が日中にはいた。たとえばLT貿易の廖承志と高碕達之助など。それらの人びとによるまさに総合芸術作品であった）。

オールジャパンで

つまり拉致問題は、日朝国交正常化の交渉の過程の中で、核問題や過去の清算などとのパッケージとして、包括的に解決していくしかないのである。

その際に大切なのは、理念が先走ってはならないということである。そのためには、日本の財界の立場もきわめて重要である。

聞くところによれば、日本の財界は日朝国交正常化に積極的で、その推進を政府に建議しているそうだ。当然である。日朝国交正常化に際して、約一兆円の金が動くといわれているが、これは正しくない。たしかに経済協力金という名目ではそのくらいの金額が動くのであろう。しかし、日韓の関係でいえば、一九六五年の国交正常化以後、条約に含まれたもの以外に、ODA、資金供与、借款、技術供与などありとあらゆる形で日本から韓国に資金と企業と技術が流れ込んだ。その額は驚くべきものである。そのことによって韓国が先進国になっただけではない。日本企業はいまだに韓国との貿易で巨額の黒字を稼いでいる。北朝鮮との間でも、このようなウィン－ウィンの関係をつくることは可能であろう。おまけに北朝鮮は石炭、ウラン、レアメタルなどの地下資源の宝庫である。これらの地下資源に関するもっとも正確な情報は、植民地時期に朝鮮で経営をしていた日本企業が今でも握っているという。

日本には篤志家といってもよい経済人が、実にたくさんいる。利益はもちろん重要だが、北朝鮮の人びとが豊かになるためであれば何でも協力したい、という志の高い企業家は、日本に意外に多い。経済は道徳である、と考えるタイプの人が、これからの日朝関係において活躍するであろう。

いずれにせよ、関係を構築するところからしか、日朝は動かない。

そしてこの問題は、政治家や官僚や運動団体や財界などだけが動いても、解決できないだろう。何しろ「悪」のレッテルを貼られつづけてきた国家と国交を結ぶという大仕事をしなくてはならないのである。このことが日本の真の国益につながるということを国民が認識し、あらゆる方面の人材を結集して、オールジャパンでこの大事業を遂行しなければならない。

日本が東北アジアの安定と平和と繁栄にリーダーシップをとって取り組み、新しい東北アジアの枠組みをつくりあげることに成功し、そしてそのことを祝福する意味で東京オリンピックを迎ええたなら、世界のどこから「日本は不道徳な国家である」という声が聞こえてくるだろうか。

第四章　張成沢氏粛清をめぐって――

二〇一四年一月

張成沢氏の粛清・処刑

二〇一三年十二月十二日、北朝鮮の事実上のナンバー2といわれた張成沢《チャンソンテク》国防委員会副委員長が、国家転覆陰謀罪の罪名によって死刑判決を受け、その後ただちに刑が執行されたと北朝鮮メディアは伝えた。

張成沢氏が処刑されたのは、おそらく事実であろう。きわめて衝撃的な出来事である。この粛清にまつわる経緯や憶測については、すでに各種メディアでかなり詳しく報道されているので、ここで事実関係の細かな確認をすることはしない。

ただ、重要なポイントをいくつか整理しておかねばならない。

まず、処刑に先立つ十二月八日、朝鮮労働党中央委員会政治局拡大会議が平壌で開かれ、そこで張成沢氏が厳しく糾弾され、すべての職務から解任され、一切の称号を剥奪され、党を除名された。

十二月九日付『朝鮮中央通信』は、このことを詳しく報じた。

そこで暴かれたのは、張成沢氏が自らの党派を形成し、「反党・反革命的分派行為」を活発に行ったという罪状である。このことの意味をよく理解するために、われわれは北朝鮮の公式報道の文章をそのまま（いたずらな解釈ぬきに）読んでみよう。日本人の「解釈」が中間に介在してしまうと、北朝鮮のいっていることの真意が読み取れず、日本的な、資本主義的な、民主主義的なバイアスをそこにかけてしまうことになる。今われわれにとって重要なのは、北朝鮮の論理を外側からではなく内在的に理解することなのである。

> 一つの思想、一つの指導中心に基づく統一団結を確固と保障してこそ、党が領袖の党としての革命的性格を守り、歴史的使命を遂行することができるというのは、ほぼ70年間にわたる朝鮮労働党の歴史が示している哲理である。全党、全軍、全民が**金正恩**同志の指導に従って歴史のあらゆる挑戦と革命の敵のヒステリックな策動を断固と粉砕し、強盛国家建設の最後の勝利を目指して力強く前進しているこんにちの現実は、**金正恩**同志を唯一の中心とする党と革命隊伍の一心団結を磐石のごとく打ち固め、全党と全社会に党の唯一的指導体系をいっそう徹底的に確立していくことを切実に求めている。
>
> （「朝鮮労働党中央委員会政治局拡大会議に関する報道」、『朝鮮中央通信』、二〇一三年十二月九日）

これはいわゆる能書きの部分であるが、単なる能書きや建前なのではない。北朝鮮メディアの文章にはいたずらに過剰な攻撃的修辞がちりばめられているが、それらは単なる修辞なのではない。北朝鮮の権力者たちが信じる唯一の統治方法を死守するということを、ありとあらゆる修辞を使って変幻自在に表現しているのである。

ひとことでいえば、今回の張成沢氏の粛清は、右の文章に書かれた内容に対する重大な背反という点で、すべてが正当化されているわけだ。

今回の粛清劇に関して私はさまざまな情報を分析し、また北朝鮮に詳しい多くの人びととも意見を交換したが、ひとことでいって、「張成沢氏が金正恩《キムジョンウン》第一書記に挑戦し、権力を強奪しようとしたか、あるいは権力が自分のところに集中するよう周到に画策した」ことは事実か否かわからない。

韓国および日本の識者たちの分析はふたつに大別される。ひとつは張成沢氏が金正恩第一書記の権力と権威に直接挑戦し、第一書記自身がそれを排除したというものである。もうひとつは崔龍海《チェリョンヘ》軍総政治局長を中心とする軍部勢力が、軍の利権をごっそり党に回収してきた張成沢氏一派を掃討したというものである。その背後に張成沢氏と崔龍海総政治局長との権力闘争があったのはもちろんだが、崔龍海総政治局長は軍の生え抜きではないので、これを党対軍の組織的対立と見るのか、張対崔の個人的対立と見るのかも見解が分かれている。

それにしても今回、北朝鮮の政権およびメディアはこの粛清の様子をあまりにも一方的かつ迅速に公表しすぎた感がある。つまり粛清・処刑も迅速すぎたが、その理由づけに関しても、拙速であるためにほころびを内包しており、そのほころびが未来へ禍根を残すことになる可能性があるのだ。

張成沢は、自分に対する幻想を抱かせ、自分の周囲に信念がしっかりしない者、おべっかつかいを引き寄せて党内に分派を形成するために悪らつに策動した。

（前掲、「政治局拡大会議に関する報道」）

これは、労働党内あるいは広く北朝鮮国内に、「張成沢に幻想を抱く人びと」が無視できないほど多くいたことを率直に語っている。実際、北朝鮮をよく知る在日朝鮮人は私に、「張成沢氏に対するあこがれが北朝鮮のなかにあったのは事実だろう。そのあこがれがもっと大きくならないうちに火消しをしたのだろう」といった。「あこがれ」が張成沢氏に向かうとすれば、金正恩第一書記には別の感情が向かうことになる。この「あこがれ」は何を源泉としているかといえば、当然、中国との関係によって改革・開放し、暮らしがよくなることへの熱望である。ただそこには、国家全体の富が増えることへの熱望という公的な願望と、貿易や利権などを通して自分が個人的に致富することへの私的欲望がないまぜになっている。この「あこがれの二重性」が、事情を複雑にしている。資本主義社会においては公的・私的ふたつの欲望の並立は合法的であるかぎり容認されるが、北朝鮮においてはその並立は公式的には当然否定される。資本主義社会から見ると単純であるような問題が、北朝鮮においては複雑かつ重大な問題をはらむことになるのである。

張成沢氏への「幻想」

張成沢氏が自分への幻想を抱かせようと画策したというのは、たとえば一九五六年三月二十日の党中央委員会全員会議で、ソ連のフルシチョフによるスターリン個人崇拝批判を受けて、金日成が「朝鮮における個人崇拝は自分（金日成）に対するものではなく、朴憲永《パクコニョン》に対するものだ」としたのと似ている。つまり朴憲永を排除した後に、朴憲永への個人崇拝が党のなかに広がっていたことを認め、それを逆手にとって攻撃するというやりかたである。だから二〇一三年秋までの時点で、朝鮮労働党および北朝鮮国家内に、張成沢氏が権力を掌握することへの期待が統制不可能に近くなるまで増大化する予兆があったのだと、北朝鮮報道は認めていることになる。

だがこの「幻想」は、北朝鮮の政権と裁判所（国家安全保衛部特別軍事裁判所）にとっては、「北朝鮮国家が改革・開放によって中国のように豊かになること」ではなかった。あくまでも醜悪かつ貪欲な個人的欲望であった。

張成沢は、自分に対する幻想を抱かせるために党と領袖へのわが軍隊と人民の清潔な衷情と熱い真心がこもっている物資までも中途で横取りして腹心手先らに分け与えながら、恩着せがましく振る舞う無作法な行為を働いた。／張成沢が自分に対する幻想と偶像化を助長させようとしつこく策動した結果、彼の部署と傘下機関のおべっか屋、追随分子は張成沢を「1番同志」とおだて、なんとしても気に入られるようにするために党の指示にも逆らうところにまで至った。

（「千万の軍民のこみ上げる憤怒の爆発、希代の反逆者を断固と処断　張成沢に対する朝鮮国家安全保衛部の特別軍事裁判」、『朝鮮中央通信』、二〇一三年十二月十三日）

これは古典的な分派行為、背信分子の典型的な行動パターンである。「おべっか屋」「追随分子」はどこにでもいるが、金正日総書記の病気と死、そして権力移譲の過程でこのような背信分子が北朝鮮で跳梁・跋扈したことを浮かび上がらせている。しかし、彼らの動きは単なる個人的野心や欲望のために突き動かされていたものだったのだろうか。この国家をよりよいものにしようという願望はその行為の動機になかったのだろうか。

張成沢は、党の唯一的指導を拒否する重大事件を発生させて追い出された側近とおべっか屋を巧妙な方法で数年間に自分の部署と傘下単位に登用し、前科者、経歴に問題がある者、不平・不満を抱いた者を系統的に自分の周りに糾合しては、その上に神聖不可侵の存在として君臨した。／そして、部署と傘下単位の機関を大々的に増やし、国の全般事業を掌握して省・中央機関に深く手を伸ばそうと策動し、自分の部署を誰も侵せない「小王国」につくった。

（前掲、「特別軍事裁判」）

この文章は、「神聖不可侵」「小王国」という表現によって異彩を放っている。単なる個人的欲望の体現者が「神聖不可侵の存在」になることは、決してできないにちがいない。北朝鮮社会における敗残者や不平分子・不満分子が張成沢氏の配下に集まり、それゆえ張成沢氏の崇拝者たちはこの社会でのゴミのような存在なのだ、と裁判所は規定したいのだが、その意図は充分に達成されていない。

北朝鮮に神聖不可侵な存在がふたつあってはならない。それなのになぜ、張成沢氏が「もうひとつの神聖不可侵」「もうひとつの王国」をつくることができたのだろうか。

それは裁判所のいうような単なる私的欲望のためではない。北朝鮮が中国と経済的に深く関係し、改革・開放して富国の道へと歩むことへの巨大な意志群が、張成沢氏を「神聖不可侵」にしたにちがいない。

裁判所の勇み足

国家安全保衛部特別軍事裁判所は、このことを論理的に処理しきれなかった。そのため、張成沢氏が推進してきた経済事業に関して、すべてが個人的野心に基づく売国的行為だと規定してしまったのである。ここにこそ、北朝鮮の将来に足かせをはめる陥穽があった。

張成沢は、石炭をはじめ貴重な地下資源をむやみに売り払うようにして腹心らが仲買人にだまされて多くの借金をするようにし、去る5月にその借金を返済するとして羅先経済貿易地帯の土地を50年の期限で外国に売ってしまう売国行為もためらわなかった。

（前掲、「特別軍事裁判」）

石炭を中国に売っているのは国家だけではない。脱北者からの丁寧な聞き取り作業をしている研究者によれば、北朝鮮では個人経営のような石炭採掘行為を家庭単位で行っている地方があり、それを中朝国境まで運んで売っている。このような行為をすることによって生活を成り立たせている家庭が北朝鮮には多い。これを安値で売買しているのは、張成沢氏による統制なのではなく、中国側の統制および石炭価格の国際的な相場によるものだ。『朝日新聞』の記事はいう。

処刑から数日後、中国東北地方の都市で、北朝鮮から出張で来た貿易商らが食卓を囲んだ。出席者によると「張氏の部下数人が拘束前に脱北した。張氏も、処刑される前に逃げるべきだった」との声や、張氏の罪状の一つとされた「石炭などの資源の売り飛ばし」にも同情の声が上がった。／資源に付加価値を付ける加工技術が乏しい北朝鮮は石炭や鉄鉱石、レアアースなどの鉱物資源を主に中国に輸出し、外貨不足を補ってきた。だがここ数年、石炭の国際価格が低迷しており、「張氏が中国側と交渉したから売れたのでは。値段は我が国だけで決められない」との声も出た。（『朝日新聞』、二〇一三年十二月十七日）

また「羅先経済貿易地帯の土地を50年の期限で外国に売ってしまう」の「外国」とは中国とロシアのことだが、これを裁判所は「売国行為」とした。論理上は「借金を返済するために羅先を売るという軽挙を働いた」ということなのだが、ここはどう読んでも、羅先経済貿易地帯を中国・ロシアに売ったこと自体を売国行為としているとしか読めない。

これは石炭売買の件と並んで、中国への挑戦である。法的な手続きを踏んで決定したことに対して、それを後に売国行為と断罪し、粛清および処刑の理由のひとつとする。このことによって、北朝鮮は中国の尊厳を著しく傷つけることになった。

私の考えでは、これは特別軍事裁判所の勇み足である。張成沢氏の罪状を暴くのに、氏の個人的な野心と国家転覆容疑のみを並べ立てればそれで論理的には完結したはずである。それにもかかわらず勇み足をし、中国との合意によって推進した国家的事業を「売国行為」としてしまったことにより、張成沢氏の粛清・処刑を激怒している中国首脳部に、さらなる怒りと不信感とを抱かせることになった。日本では夕刊タブロイド紙が「中朝戦争」という刺戟的な大見出しを掲げるほどである。

北朝鮮はおそらく、この勇み足をどう収束させるかに苦慮することであろう。東アジアの諸国家はすべて体面を極度に重要視する。北朝鮮はこれまでも中国の体面を傷つける行為を行ってきたが、今回は中国を容易に納得させることはできないであろう。

体面だけではもちろんない。一九六七年の党中央委員会第十六次全員会議で甲山系の朴金《パククム》喆《チョル》や李孝淳《リヒョスン》らが粛清され、金日成首領による唯一思想体系が確立されたとき、中国は不快感を示したという。それは体面ではなく実質的な統治方式に対する不満であった。今回、中国は体面および実質の双方で大きな不満を抱えた。それをどのように解決していくかが、今後の東北アジアの大きな問題となったのである。

美とその保護

とはいえ、北朝鮮体制中枢の論理からいえば、張成沢氏の除去はチュチェ（主体）の朝鮮を守るという点で、必須のことであったのかもしれない。

北朝鮮は社会主義国家であり、しかも北朝鮮独自の理念によって経営されている社会主義国家である。そこへ中国式の改革・開放が無秩序に推し進められたらどうなるのか。おそらくこの国の人びとの多くが美しいと感じ、すばらしいと誇り、尊厳を抱いているすべての価値が顛倒され、混乱し、地に落ちてしまうだろう。

だから軍事特別裁判所は、張成沢氏の罪状として資本主義的堕落に関する描写を克明に述べた。

張成沢は、資本主義生活様式に染まって不正腐敗行為を強行し、腐敗堕落した生活をした。／張成沢は、権力を乱用して不正腐敗行為をこととし、多くの女性と不当な関係を持ち、高級食堂の裏部屋で飲食三昧におぼれた。／思想的に病み、極度に安逸に流れたため麻薬を使い、党の配慮によって他国に病気の治療で行っている期間には外貨を蕩尽し、賭博場まで出入りした。

（前掲、「政治局拡大会議に関する報道」）

女性関係や飲食が処刑の理由となるとは、資本主義・自由民主主義国家に生きる者には理解しがたいが、この国は美意識によって経営されていることを、われわれは理解する必要がある。この国の根本動力は美意識である。北朝鮮は、美によってつくられている国家である。この美は、「革命道徳」という名で呼ばれることが多いが、極寒の満洲の地で、日本帝国主義に対抗するために苦闘した金日成とその同志たちが見た夢にその淵源を持っている。いつの日か、朝鮮の地から帝国主義者とその傀儡たちを掃討し、全国家がまるでひとつの家族であるかのような和気藹々とした革命の本源地を建設すること、そのことが彼らの夢であり、その夢にこそ究極の美意識が宿っているのであった。朝鮮の美しい自然、美しい人心、美しい都市、美しい生活、美しい労働、美しい社会、美しい道徳……それらすべてが、彼らの夢であり、その夢は衰えることなく生命力を漲らせている。その夢は社会主義でなければ実現できないし、それも朝鮮式社会主義でなければならない。誰にも屈せずに自分たちの力ですべてを自主的に切り開いていくためには、チュチェ（主体）思想こそが重要である。

この美しい夢を都市という形で表現したのが平壌の街である。その造形的な美しさと、そこに漂う空気の麗しさは、その場に身を置いた者でなければわからない（ただしこの美を守るためには、個人の人権の軽視という代償を払わなければならない）。

おそらく今、北朝鮮が中国式の改革・開放を無秩序に行えば、これらの美は一気に崩壊してしまうだろう。自己の利益しか考えない強欲な企業たちが、無防備な北朝鮮の経済資源をめぐって醜悪な争いを繰り広げるであろう。平壌の街は数年にして北京のように無秩序で煤煙まみれの都市になってしまうだろう。人びとの心は資本に支配され、利権と金権をめぐって血みどろの闘争をするようになるだろう。これが北朝鮮の考えだ。

われわれは北朝鮮のこの考えを、最大限に尊重しなくてはならない。

前章で日朝国交正常化を論じた際に、「日本の財界が積極的に北朝鮮を支援すべきだ」と私が語ったのも、同じ理由である。中国の企業や韓国の企業は、日本企業に比べて歴史が浅く、利益の概念も近視眼的である。自分の企業が最大限の利益を短期的に上げることが最大の目標である。資本主義であるからそれは当然かもしれないが、日本企業のほうが、社会と会社の両方が幸福になるやり方をよく知っている。それをＣＳＲ（企業の社会的責任）などという概念を使用せずとも、江戸時代から最適存続のために現実に実践してきたのが日本の伝統ある企業である。

私の予想であるが、もし北朝鮮が改革・開放をして中国や韓国の企業が洪水のように北朝鮮にはいっていくなら、おそらく平壌の街はずたずたにされてしまうだろう。北朝鮮社会全体からすれば改革・開放のよい効果はたくさん出るであろうが、それも開城工業団地のように徹底的に管理するという方式でないと、摩擦ばかり増大するだろう。開城工業団地で働く労働者や、その管理方式に対しては各国から称賛の声が高い。北朝鮮労働者の優秀な仕事ぶりと規律・節制の背後には、自国に対する誇りと愛がある。これを土足で踏みにじるような改革・開放をするなら、必ず反発と混乱が待ち受けているはずだ。

日本企業なら、自社の利益だけを貪欲に追求するのではなく、北朝鮮の人心や自然や都市などの美しさを最大限に尊重しながら、それをできるだけ傷つけることなく、北朝鮮の人びとの幸福のためにお手伝いをする、というスタンスで事業を遂行できるのではないだろうか。私はそのことに大きく期待している。すなわち北朝鮮は社会主義国家であり、それもきわめて誇り高い社会主義国家であるという根幹をきちんと理解しながら、そのことに敬意を払いつつ、互いにウィン－ウィンの関係をどう築けば良いのかという懐の深い仕事ができるのは、中国企業でも韓国企業でもなく、日本企業だと私は考えるのである。日本企業はその長い歴史と伝統によって、目先の利益でなく取引先や関係者とどうしたら長期的な互恵関係をつくれるか、ということに関しては一流の会社が多い。北朝鮮経済向上のお手伝いをするためには、日本企業の持っている謙虚な世界観がもっとも合っているのである。

張成沢氏の能動性はどこから来たか

北朝鮮の理想とする美に関してはあるていど理解できるとしても、建国以来、この国のすべての国民が豊かで余裕のある暮らしを満喫できたことがない、という事実は、厳然としてそこにある。美や道徳や主義では人間の腹は満ち足りないし、肉体的な健康が保てなければ精神の幸福も疲弊してしまう。

このことは北朝鮮ももちろん熟知している。だから経済建設に邁進してきた。しかし残念ながら、成功したとはまったくいえない。

今回の張成沢氏除名と処刑の際、政治局拡大会議と裁判所が示した認識は、金日成主席と金正日総書記の経済上の遺訓に背き、さらに二〇〇九年のデノミも失敗させたとして、ほぼすべての経済的失敗の責任を張成沢氏に押しつけるものである。

張成沢一党は、巧妙な方法で国の経済発展と人民の生活向上において主要な分を担当した部門と単位を掌握して内閣をはじめ経済指導機関がその役割を果たせないようにした。

／国家財政管理システムを混乱に陥れ、国の貴重な資源を安値で売り払う売国行為を働いてチュチェ鉄とチュチェ肥料、チュチェビナロン工業を発展させるべきだという**金日成**主席と**金正日**総書記の遺訓を貫徹できなくした。

（前掲、「政治局拡大会議に関する報道」）

２００９年、希代の反逆者である朴南基をそそのかして数千億ウォンの朝鮮通貨を乱発しておびただしい経済的混乱が起きるようにし、民心が乱れるように背後で操った張本人もまさに張成沢である。

（前掲、「特別軍事裁判」）

このような断罪が正当なものであるか否かは判断できない。ただ、このように経済政策の失敗を全面的に張成沢氏のせいにした場合、過去の失政の責任問題をここで一度清算できたとはいえるが、それとは別に、次なる政策を誰がどのような理屈で打ち出すことができるのか、という問題が生じる。これは先に述べた、中国との経済的関係、特に改革・開放に関わる政策を断罪してしまったことの後遺症をどう克服するかという困難な問題とリンクしている。

どのような政策であれ、積極的に展開した場合に、それが失敗に帰したら誰が責任を取るのか。そのつどそのつど、政策の責任者だけでなくその「背後」で操っているとされる人物もまた、糾弾されることになる。北朝鮮の政治スタイルはこのようなやり方を繰り返してきたため、政策担当者が萎縮し、官僚主義に陥り、組織全体で事なかれ主義を貫き通すことになる。金日成主席時代から官僚主義批判をあれほど声高に繰り返してきても、一向にその弊害がなくならないとされているのは、おそらくこの「不安定かつ恐怖心に包まれた責任転嫁システム」にあるだろう。

北朝鮮はここで、次のように方向転換するのがよいのではないか。

つまり、張成沢氏の問題を単に悪辣な個人の問題とするのではなく、組織やシステムの問題ととらえ、これを契機に政府が反省するのである。官僚主義や事なかれ主義に蝕まれている北朝鮮の組織やシステムの中で、張成沢氏はその立場の特別な優位性から、果敢かつ大胆に、もろもろの政策を実践してきたのであろう。張成沢氏が「幻想」をふりまいた、というのも、そのような彼の能動性が発する魅力のためだったと思われる。張成沢氏なら、この国を変えてくれるはずだという期待である。その期待には、「金正恩第一書記よりも張成沢氏、あるいは張成沢氏と考えを同じくする金正男氏が執権すべきだ」という見解と、「あくまで張成沢氏の能動性は金正恩第一書記をよりよく補佐するためのもの」という見解が混在していたと思われる。しかしいずれにせよ、張成沢氏の能動性への期待がふくれあがることは、統治のバランス上、好ましいことではなかった。だがそもそもこの大きな期待は、この国の統治の欠陥から生まれ出たものであった。つまり、張成沢氏以外の人びとの官僚主義や事なかれ主義が、張成沢氏の能動的な冒険主義を生んだのである。

とすれば、統治の改革は、官僚主義や事なかれ主義を一掃することに帰着する。そして官僚主義や事なかれ主義は、「不安定な責任転嫁システム」に起因しているのだから、まず根本的に治療すべきなのはこの部分なのである。

遊撃隊方式からの脱皮は可能か

さて、今回の張成沢氏の粛清劇は、世界中に衝撃を与え、「北朝鮮は恐怖の独裁国家である」という印象を強烈に形成した。日本のメディアにも、連日「血の粛清」「恐怖政治」「冷酷な独裁」というおどろおどろしい言葉が乱舞した。

北朝鮮の内部の論理がいかなるものであれ、また特別軍事裁判所の判決で、「被告張成沢が敵と思想的に同調してわが共和国の人民主権を覆す目的で強行した国家転覆陰謀行為が共和国刑法第60条に当たる犯罪を構成するということを立証」した（前掲、「特別軍事裁判」）と主張しても、その審理は拙速のそしりを免れえない。

今回の出来事によって、北朝鮮の統治が人権を無視したものであるという印象はあらためて世界中にばらまかれた。そしてスターリン時代のソ連、文化大革命時期の中国と同じ性格をいまだに持つ「遅れた国」という認識も増幅した。このマイナスを回復するのは容易なことではない。北朝鮮が敵に対していつも使用する「無慈悲」という形容詞は、この国家が「遊撃隊国家」(和田春樹)であるということのみによって正当化されるものである。つまり、金日成主席がかつて若かりし頃、満洲で抗日武装闘争を展開していたときの遊撃隊方式を、国家自体が継承しているという認識のもとでのみ成り立ちうるのである。正式な国家の軍隊でない遊撃隊の場合、敵はいたるところにおり、物資は不足し、つねにゲリラ的に移動しながら裏切りや攪乱と闘い、その上で敵を殲滅させなくてはならないのだから、「無慈悲」でなくては存続は不可能なのである。しかし、もし和田春樹氏のいうように、北朝鮮が「遊撃隊国家」から「正規軍国家」に変貌を遂げたのだとしたら(和田春樹『北朝鮮現代史』岩波新書、二〇一二)、この「無慈悲」という言葉もまた、正規軍式に変化しなくてはならないはずである。

つまりそれは、国家の重さの問題である。張成沢氏を失脚させるという行為自体は、正当な理由があれば、北朝鮮の国内問題であるから他国の人間がああだこうだ口を挟む筋合いのものではない。しかし、その際には、正当な手続きに則っていることが条件となるであろう。北朝鮮は今回の一連の手続きは正当かつ合法的であったというにちがいない。しかし、もしこの迅速な裁判と即刻の死刑執行が正当であると主張するとき、この国の軽さが世界中に印象づけられてしまう。それは、この国家が「遊撃隊国家」であるということとリンクする「軽さ」である。つまり「北朝鮮は正規の国家ではないのではないか」という印象を世界中に与えてしまうのである。

このことは北朝鮮にはプラスとはならない。国家の重さ、軽さとは、手続きを執行する上での慎重さに関わっている。中国でさえ、薄熙来氏を失脚させる手続きに関してはかなり慎重であった。これは世界中が中国を注視していたからである。またかつての韓国・朴正熙政権下で金大中《キムデジュン》氏に死刑判決が言い渡された(執行はせず)ことと比較しても、北朝鮮の迅速性は際立っている。おそらく北朝鮮が「正規軍国家」となるためには、手続きの慎重性という関門が必要となってくるのであろう。

今後の日朝関係

今回の粛清劇を受けて、日本は北朝鮮にどのように対処すればよいのであろうか。

まずはあらゆる事態にそなえて、準備を万全にすることだ。韓国は、二〇一四年初頭に北朝鮮から通常とは異なる動きがあるかもしれないと予測している。軍の暴発があるかもしれない。核実験やロケット発射ということも予測できる出来事の範囲内である。

ただ、日本としては、今後粘り強く北朝鮮との交渉を再開してゆく契機とみなすべきだ。すでに宮本悟氏(聖学院大学)が、二〇一三年十二月十四日に開催されたシンポジウムに関する報道（ＮＨＫ「ニュース７」）で、「日本は北朝鮮と窓口をつくって交渉すべき」だと語った（文責・小倉）。また武貞秀士氏（東北アジア国際戦略研究所）は、二〇一三年十二月十六日の朝に出演したテレビ番組（テレビ朝日「モーニングバード！」）で、「今回の出来事で日本は北朝鮮との交渉の窓口が一本化したと考え、積極的に交渉すべきだ。二〇一四年春に安倍晋三首相と金正恩第一書記が首脳会談を行うのがいい。韓国が不安がるのでその前に日韓首脳会談もすべきだ」という内容の発言をした（文責・小倉）。これは私の知るかぎりもっとも早い段階で、今回の粛清劇と日朝交渉の関係を語った識者の見解である。

私もまったく同じ考えを持っている。張成沢氏の処刑は拙速で容認しがたいが、こうなってしまった以上、日本政府は北朝鮮との交渉の窓口が一本化されたと考え、すかさず緊密な関係を構築するために動かなくてはならない。

なお、右の宮本悟氏が出席したシンポジウムは、日本政府が開催した「北朝鮮人権侵害問題啓発週間」シンポジウムであった。テーマは北朝鮮情勢と拉致問題の解決だった。私も参加を打診されたもののスケジュールの都合上出席できなかったのだが、後に関係者からこのシンポジウムでの議論について聞いた。その話によれば、これまで拉致問題に深く関わってきた人びとのなかには、「北朝鮮に自衛隊を派遣して空中から進入し、拉致被害者を救出すべきだ」という主張をする者もいたそうだ。

これは劇画ではないだろうか。このような劇画的世界観を持っている人びとが、これまで長い間拉致問題の解決のために主導的な役割を果たし、政府の政策にも大きな影響を与えつづけてきたことを、われわれは深く憂えざるをえない。われわれの国家・日本は、いつからこのような軽い国家になってしまったのであろうか。

実はこのシンポジウムに参加した人たちの多くから、右に紹介した劇画的発想を唱える人びとへの憂慮を私は聞いた。このような発想では拉致問題を解決することはできない、ということをもっともよく知っているのは、横田夫妻をはじめとする拉致被害者の家族の方々であろう。

今こそ日本政府は、北朝鮮の最高意思決定者と正面から向き合うための窓口をつくり、堂々たる態度で国交正常化の交渉を始めるときであろう。拉致問題はその国交正常化というプロセスのなかでのみ、実質的な進展を見せることができるはずである。

張成沢氏粛清のやり方を見て、「この国家は血も涙もない残酷な独裁国家だ。こんな国とは一切の関係を絶つしかない。あるいはこの国家が地上から消滅するのを希むべきだ」と考えるのか、それとも「この国家のやり方は破壊的に見えるが、やはりこの国家にはこの国家の論理と生理があるのだろう。それを理解しなければ東アジアの安定と平和は絶対にやってこない。この国家が発生したそもそもの淵源は、かつて日本が朝鮮を植民地支配したことにある。したがって日本にはこの国家を理解する責務があると考えるべきだ。関係を一切断つことによっては何も得られない。日本は一主権国家として正面からこの国家とタフな交渉を果敢に進めるべきだ」と考えるのかで、日本国家の今後が違ってくるであろう。

私は日本という国家が、国家の大きさに見合うような主体性を持ち、自分たちのことは自分たちで決めるというごく当たり前のことを実践することを希う、ごく平凡な一国民なのであり、同じことを希っている多くの国民の声をそのまま述べているだけなのである。

第五章　ソフト・パワーからソフト・ウォーへ

——北朝鮮の魅力についてどう考えるか——

二〇一四年四月

ソフト・パワーの時代

「ソフト・パワー」というのは米国のジョセフ・ナイが世界中に広めた言葉である。

軍事力を中心としたハード・パワーだけでは、ある国家の目的は国際社会において容易に達成されえない。なぜならハード・パワーとは「押し込める力」だからである。「押す力」で強引に自らの主張を相手に行使したとき、相手はその力に圧倒されてこちらに従うかもしれない。しかし、それは表面的かつ一時的なものである可能性がある。なぜならそのように「押し込められた」側は、決して喜んで主体的に押し込められたわけではないのだから、必ず反発と嫌悪、あるいは憎悪までをこちらに感じるに違いないのである。

これに対してソフト・パワーは、「引く力」である。軍事力ではなく、文化や価値観や制度などの魅力によって、こちらから強引に押しつけるのではなく、相手が喜んで主体的にこちらに近づいてくるようにするのがよい。つまり相手をこちらに引っ張ってくる力である。これなら、こちらが強制しているのではなく、相手が自ら選択してこちらに魅力を感じているのだから、反発や嫌悪や憎悪は生まれにくい。より強固な関係を築くことができるし、ある国家の目的をより容易に達成することができる。

ジョセフ・ナイは一九九〇年代からこのソフト・パワーの概念を使っていたが、二〇〇四年の彼の著書 *Soft Power: The Means to Success in World Politics* において主題的にこのテーマを扱い、世界中に流布させた。

そしてこの考えは、東アジアにおいても急速に拡散した。もっとも熱心に取り入れ、成功に向けて努力したのが韓国である。

韓国は一九九七年の経済危機（ＩＭＦ危機）以来、国家の根本を変えようと努力した。そのひとつが、ソフト・パワーの重視である。金大中大統領（任期一九九八〜二〇〇三）は、韓国の大衆文化の力をフルに活用しようとした。その方針が韓流ブームへとつながり、「コリア・ブランド」が世界で飛躍する土台を構築した。

そもそも米国がソフト・パワーというとき、自由と民主主義という理念・価値観の持つ魅力、「強さ」がその根幹にある。単にディズニーのアニメやハリウッド映画、ハンバーガーやコーラ、アメリカン・ポップスやスポーツなどの魅力だけをソフト・パワーといっているのではない。それらの「文化」を生み出す土台にあるもの、つまり自由と民主主義という理念やそれを実現する体制・政策こそがもっとも重要なのだ。

しかし、東アジアには中国および北朝鮮という、自由と民主主義とは相容れない体制の国家がある。特に中国に対して自由と民主主義のパワーを行使しようとするとき、その体制的反発は著しく大きくなる。

したがって、東アジアにおけるソフト・パワーというものは、理念や体制から距離を置いた、「文化」そのものの力を指す傾向が強くなる。韓国が自国の「国家ブランド」を高める際にソフト・パワーを利用するといった場合、それは狭義の「文化」という意味で捉えられる場合が多いのは、このためである。

もういちど整理すると、米国で生まれたソフト・パワーという概念は、東アジアにもいち早く取り入れられたが、その際のソフトという概念には、自由と民主主義という理念や体制は多く含意されず、狭義の「文化」を指す場合が多かったのである。

東アジアにおけるソフト・パワーの闘争

このことが、二〇一〇年代以降の東アジアにおけるさまざまな摩擦に深く関係している。特に歴史認識問題に直結している。

なぜかといえば、ソフト・パワーという概念が、東アジアの「先祖がえり」を強力に促したからである。

どういうことだろうか。

まずもっとも重要なことは、歴史的に東アジアは、そもそもソフト・パワーを極度に重視する地域であったことである。中国は歴史上、地域の統合をすべて軍事力というハード・パワーによって維持してきたのではない。古代以来、そして特に隋の失敗を経験して以降の中国は、ハード・パワーとともにソフト・パワーを極端に重視した地域支配力を重視することになる。儒教的な教化策しかり、朝貢体制しかりである。

この場合の「ソフト」とは、儒教的な解釈を施された「文明」の謂である。夏・殷・周三代以降のすべての（儒教的な意味で）輝かしい中華文明というパワーである。この文明がパワーになりうるのは、それが世界における唯一かつ随一の文明だからである。中華の周囲にあるすべての未開人（夷狄）たちはこの文明を身につけることによって、人間になることができる。この文明を身につける前は、夷狄はまだ人間と動物の中間的な存在である。

孔子・孟子の春秋戦国時代から二十世紀に至るまで、東アジアにおいては右のような意味でのソフト・パワー概念がきわめて強力な枠組みとして君臨した（ここで「東アジア」というのはもちろん現在における概念である）。異民族が破壊的なハード・パワーによって打ち立てた元や清といった国も、建国後はハード・パワーだけでなくソフト・パワーをもフルに使って地域統治をするようになった。

このことをわれわれはゆめゆめ失念してはならない。明治以降にこの東アジア版絶対的ソフト・パワーの秩序を積極的に打倒し、またそこから脱しようとしてきた日本にとって、この東アジア版ソフト・パワーは今やさしてリアルに感じられないものに堕しているのかもしれない。しかし東アジアは今、もういちど、このパワーに最大限の注目をしなくてはならない時代に逆戻りしてしまったのである。

冷戦の終結（ヨーロッパ）ないし改変（東アジア）、核兵器の拡散、日本の国力の衰退と中国・韓国の台頭などという諸条件が重なって、今急速に、東アジア版ソフト・パワーの時代への逆行が進んでいる。

特にこれらの条件は、中国と韓国にとってきわめて好都合だった。なぜなら「日本帝国主義への抵抗」という運動を建国の理念として持っている中国と韓国は、「日本帝国主義＝悪しきハード・パワー」に対抗する自国を「文明的・平和志向的な善なるソフト・パワー国家」として規定できるからだ。この点で中国と韓国は充分に共闘できる。冷戦時代には決して同じ方向を向くことができなかった中国と韓国のヴェクトルが、「邪悪なハード・パワー国家＝日本」に対抗して共闘できる軸そのものが、ソフト・パワーという概念なのである。

ところがこの場合のソフト・パワーという概念は、そもそも米国が主張しているような自由と民主主義という理念とそれを現実化した体制を指しているのではない。韓国はソフト・パワーを大衆文化など個別的な狭義の「文化」として規定してきたが、それとは別に、①日本に対して絶対的な優位性を持つことができ、②しかも中国と共闘できる、古くて新しいコンセプトを手にいれることになった。

それは、「道徳性」というソフト・パワーである。特にこの道徳は、歴史的な意味での道徳性だ。つまり、儒教的な概念なのである。歴史上において正邪を峻別し、善かつ正義の側が勝利して悪かつ不義な勢力が敗北するという「春秋の筆法」にのっとった歴史観にもとづく道徳性奪取闘争だ。これは朱子学的伝統においてはその歴史認識の基本中の基本であるから、中国でも朝鮮半島でも自家薬籠中のものとしてきた。今、中国と韓国は嬉々としてそこに立ち戻ろうとしているのである。

この「歴史における道徳性」というソフト・パワーは、中国および韓国にとって、かぎりなく魅力的である。

まず、中国および韓国は、このソフト・パワーによって、「歴史的に邪悪な日本」を永久に封じ込めることができる。中国も韓国も、安倍政権の成立以前からずっとこの「歴史において邪悪な日本」というネガティブ・キャンペーンを繰り広げてきたのだから、「日本全体に対する批判ではなく安倍政権に対する批判である」という中国・韓国側の主張は説得力を持たない。これまで中国と韓国が別個に展開してきた「日本の不道徳性糾弾キャンペーン」が、安倍政権の修正主義的な言動への反発という理由づけによって劇的に合体し、増幅したのだと見たほうがよい。

また、この路線を採ることは、中国にとっても韓国にとっても、近代以降の日本の優位性を完全に覆すことのできる道なので、きわめて重要なのだ。中国も韓国も、文字通りの「近代以前」に回帰したいわけではもちろんない。近代以降の貴重な果実である国家の経済的発展（つまり近代西洋的な意味での「発展」）という事実は厳然と確保しつつ、その上で、歴史道徳的な意味において日本を下位に貶め、中国および韓国を上位に位置づけることのできる軸が、このソフト・パワーなのである。

また韓国としては、このソフト・パワーの道を採ることによって、かつて自らが日本の一部であったという忌まわしい事実、そして日本の一部として中国や米国などと戦ったというどうしても触れられたくない事実を、ほぼ完全に隠蔽することができる。なぜなら歴史道徳的な意味で日本を糾弾することにより、中国が韓国の過去に関してほぼ完全に目をつぶってくれるからである。朴槿恵大統領が就任以来ずっと「人文紐帯」という言葉で中国と韓国における儒教的道徳主義の一体性を中国に向かってアピールしているのは、このためだ。

だが本当は韓国には、もうひとつのソフト・パワー、つまり米国と同じく「自由と民主主義」という理念および体制がある。しかし、朴槿恵政権の発足以後、あたかもこのソフト・パワーのことは完全に忘却してしまったかのように韓国は振る舞っている。この路線を採るかぎり、日本と共闘して中国と対峙しなくてはならなくなるからであり、また日本に対する韓国の絶対的優越性が確保できなくなるからである。朴槿恵大統領は、「日本と韓国との、自由と民主主義という理念と体制の共有」というソフト・パワーに関しては一切顧慮していない。

もうここまで来ると、ソフト・パワーという概念を逸脱して、東アジアでは「ソフト・ウォー（やわらかい戦争）」が繰り広げられているのではないか、と思えるほどである。これは「ハード・ウォー（軍事力・武器による戦争）」ではないので、実際に戦火を交えるわけではない。しかし、これは勝つか負けるかの戦争に近い。日本の安倍政権もこれに無謀にも参戦し、「日本にこそ道徳性がある」と主張している。不毛な消耗戦のように見えることに、なぜ莫大な国家的エネルギーを消費するのか。「これは戦争、つまりソフト・ウォーだから」というのが、中国・韓国・日本の政権首脳の考えなのだろう。

世界中が忌み嫌う北朝鮮？

さて、いよいよここで北朝鮮の出番である。

ここまで記してきたような東アジアにおけるソフト・パワーないしソフト・ウォーの力学的構造において、北朝鮮はどのような役割を果たしているのか。

歴史道徳的なソフト・パワーの道を採ることが韓国にとってきわめて好都合な理由には、先に挙げた「対日本」の軸のほかに、「対北朝鮮」の軸もある。

つまり、この路線を採ることにより、北朝鮮が古色蒼然たるハード・パワー一辺倒の国家であるのに対し、韓国は歴史道徳的に善なる存在であるがゆえにソフト・パワーの道を採りうるのだという優位性を確保しうる。

ということは、歴史道徳的なソフト・パワーの道を採ることは、韓国にとって、①日本を下位に封じ込め、②中国との負の歴史に蓋をしたまま中国と共闘でき、③北朝鮮を邪悪なハード・パワー国家と規定することができる、最善の道となるわけである。

またそもそも、東アジアの国際関係が冷戦的なハード・パワーから脱冷戦的なソフト・パワーとハード・パワーの複合戦略へと移行したにもかかわらず、北朝鮮だけはそのことに一向に気づかず、あるいは気づいたとしても自らのソフト・パワーがゼロまたはマイナスの状況なのでそれを行使することができないと韓国は認識している。いや、韓国だけではない。日本においても、北朝鮮という国家は伝統的なハード・パワー一辺倒の、ミサイル発射や核実験といった軍事的挑発をするしか能のない、厄介で陰気くさい反ソフト・パワー国家として認知されている。

世界中に「北朝鮮のようになりたい」と思う人や国家は皆無なのだから、北朝鮮の持つソフト・パワーは最低レベルだということができる。北朝鮮がいくら軍事的な挑発を繰り返しても、世界のなかに「北朝鮮は魅力的だ」と思う人びとがいないのだから、結局北朝鮮は世界中から「失敗国家」「破綻国家」の烙印を押されて崩壊するにちがいない。

これが、韓国や日本の考えだろう。

しかし、事実はどうだろうか。韓国や日本の考えどおりに、世界は北朝鮮を認識しているだろうか。

たしかにソフト・パワーという観点からいって、韓国や日本の魅力と北朝鮮のそれとが著しく非対称な関係をなしているのはあきらかであろう。しかし、北朝鮮のソフト・パワーはゼロないしマイナスなのだろうか。

一例を挙げよう。

英国放送協会（ＢＢＣ）の海外向け放送「ＢＢＣワールドサービス」が、国家イメージ調査をしている。各国が世界に良い影響を与えているか、悪い影響を与えているかという形で答えてもらう調査であり、その二〇一三年版で日本の好感度は、前年の一位から四位に後退した。順位が下がった主な理由は、中国人と韓国人が、日本に対して「悪い影響を与えている」と答えた割合が高まったためらしい。ちなみに中国人の日本への評価は「良い」が一七％、「悪い」が七四％、韓国人は「良い」が二一％、「悪い」が六七％で、ともに前年より「悪い」が増えたという。中国の好感度は九位、韓国は十位だった（『SankeiBiz』ネット版、二〇一三年八月一日）。

北朝鮮はどうだろう。『SankeiBiz』ネット版の記事は、見出しに「総スカンの北朝鮮」と掲げ、本文でも「北朝鮮は衛星と称するミサイルの発射や核実験を断行し、国際世論の非難の的。二〇一三年調査は当然ながら、ほとんどの国から総スカンを食った」としている（同右）。だが実際は、この記述とは異なり、北朝鮮が「良い影響を与えている」というポイントは一九％もあるのである。これはイスラエルの二一％とそう変わらない数字だ。もちろんこの「高得点」には中国人による評価（三二％が「良い影響」）が寄与しているわけだが、それにしても「良い影響」が〇％、「悪い影響」が一〇〇％ではない。

北朝鮮へのプラス評価（全体）は、中国人の日本へのプラス評価より高く、韓国人の日本へのプラス評価より少し低い程度なのである。

北朝鮮をどう把えるか

これは何を意味しているのであろうか。

「国家の魅力」をパワーの源泉とする、という米国の戦略は、実はきわめて米国中心的な世界観そのものなのであって、世界には、その米国中心主義に反対する勢力を魅力的と考える人びとが一定数いるということである。

北朝鮮のソフト・パワーがゼロやマイナスではなく、一定程度の吸引力があるという事実は、米国中心の世界観に完全に支配されてしまっている日本のマスメディアに接しているだけでは、決して理解できないことであろう。この十年以上のあいだに、「北朝鮮の魅力」について語った日本のマスメディアがはたしてあっただろうか。北朝鮮は「世界に良い影響を与えている」という評価を二〇ポイント近く得ている国家である、という観点からこの国に対する報道をした日本のマスメディアは、はたしてこの十年間にひとつでも存在したであろうか。

Aという観点から見るとそれなりに魅力的に見える対象を、Bという観点からのみ見続けることによって、魅力のかけらもない対象だと認識しつづけることは、道徳的に正しいとか間違っているという問題以前に、国家戦略上、きわめて危険なことなのである。国家がその進むべき道を誤るとき、その過誤はたいてい、認識の誤謬から始まるであろう。米国はその世界戦略上、北朝鮮を邪悪な敵と見なさねばならない強固で不変の理由を持っている。また韓国は自国の生存を懸けて、北朝鮮を破綻国家と見なさねばならない強固で不変の理由を手放すことはありえない。

しかし、冷静に考えてみれば、日本には北朝鮮をそのように見なさねばならない強固で不変の理由は存在しないのである。存在しないにもかかわらず、米国や韓国とまったく同じまなざしを持ちつづけてしまっているところに、日本の国益に対する究極の損壊が生じているのではないだろうか。

日本はもっと自由に、北朝鮮という国家を認識してよいのである。もし北朝鮮という国家が自国の利益になると考えるなら、その利益のために行動してもよい自由は、日本にあるのだ。米国や韓国に対する忠実な僕《しもべ》としてその自由を自ら放棄するのが、主権国家としての振る舞いとして正しいとはいえないはずだ。

それだけではない。

北朝鮮に対する米国や韓国のまなざしには、古くさい本質主義の衣がまとわりついている。つまり、米国や韓国は、北朝鮮など特定の国家以外に対してはソフト・パワーという概念を使うことによって、相手国がその本質とは関係なく変化しうるのだと想定している。しかし北朝鮮に対しては、本質的に自ら変化することはできないのだから、究極的にはレジーム・チェンジを目指して外側からハードな圧力を加えるべきだと考えている。これは、ソフト・パワーとハード・パワーの複合戦略というやり方から遠く離れてしまっている。ここには、北朝鮮にだけはハード・パワー戦略一辺倒で圧力を与えるべきだという、世界観上の矛盾・偽計が存在するといってよいのだ。

もちろん、文字通りのハード・パワー一辺倒ではない。よく知られているように、韓国は北朝鮮に対してもソフト・パワー戦術を盛んに使っている。しかしそもそもソフト・パワーという概念は、本質主義や現実主義と相性のよいハード・パワーとは異なり、社会構成主義（コンストラクティビズム）と相性のよい概念だと考えられている。つまり人間や社会や国家はその本質や物質的条件によってあらかじめ行動が規定されているのではなく、主観性や文化や他者との関係性などによってそのつど行動を選び取っているという考えに親近性が強いのがソフト・パワーである。

だが、これがソフト・ウォーになると、世界観が一変する。相手は到底自分を変えることができず、それゆえ対話も相互関係もできない存在だ。だから「（文化の）戦争」によって外部から変えなくてはならない。これが、ソフト・ウォーの世界観である。つまりソフト・ウォーは、ソフトとはいいながら、その世界観はハード・パワーと酷似しているのである。ソフトではあるが「引く力」ではなく「押し込む力」になってしまっているのだ。

つまり、こう考えればよいのではないのだろうか。

韓国は、北朝鮮とそもそも同じ民族であるということもあり、対北朝鮮に関しては構成主義的なソフト・パワーを行使したいという強い欲求とその能力がある。しかし韓国内の保守派（北朝鮮と共産主義に対する強い拒絶反応を持つ人びと）の多くはそれを許さないし、また米国の現実主義者、本質主義者たちもその路線を峻拒する。したがって、韓国の対北朝鮮戦略はつねに混乱し、揺れ動き、結局は本質主義や現実主義の世界観に敗北してしまう、あるいは圧倒されてしまうのである。

北朝鮮のソフト・パワー

これに対して、北朝鮮側にはそのような「ぶれ」が比較的少ない。そして日本のメディアに接しているだけでは決してわからないことだが、北朝鮮は決してハード・パワー一辺倒の戦略を採っているのではない。むしろ北朝鮮に魅力があるとすれば、意外なことにその源泉はソフト・パワーのほうにより多く存するのである。

「北朝鮮にソフト・パワーがあるのか？　それは信じられない」と語る人びとがいるとしたら、それはこの十年ほどのあいだに日本で大々的に展開された反北朝鮮キャンペーンに完全に洗脳された人たちである（そして日本人のほとんどはそういう人たちである）。

北朝鮮の魅力のもっとも核となる部分は、その「自主」という概念である。この国の公式イデオロギーである「チュチェ（主体）思想」の根幹をなす理念だ。一九六五年に金日成がインドネシアのアリ・アハラム社会科学院における演説で、「思想における主体」「政治における自主」「経済における自立」「国防における自衛」をチュチェ思想として唱えたものである。

チュチェ思想はその後、さまざまに変転しながら金正日の時期に「社会政治的生命体論」を加えて一気に哲学性を増幅するが、その根幹を形成しているのは、昔も今も「自主」という概念である。そしてこれこそが、北朝鮮のソフト・パワーの源泉なのだ。

米国による世界戦略の枠組みのなかにすっぽりと収まっている日本は、北朝鮮のいっているこの「自主」という概念がどれほど魅力的なものであるかを感じ取る感性を失ってしまっている。たとえばチュチェ思想を研究する会合に行けば、アイヌの人や沖縄の人が熱心に参加している。彼ら彼女らは、ただひたすら「自主」というこの一語によって、北朝鮮シンパとなり、チュチェ思想を学び、自らの血肉とするという生を選択しているのにちがいない。

北朝鮮は「ぶれ」が少ないので、時代の影響をもろにかぶる。北朝鮮はぶれないが、時代のほうがぶれるからである。たとえばチュチェ思想の有名な「人間がすべての主人であり、すべてを決定する」という人間中心主義は、資本主義圏でポストモダンの思想が流行した時期にはいかにも時代遅れの古くさい考えのように見えた。しかし、資本主義圏でのポストモダンという思想実験がほぼ失敗に終わり、再びモダンや人間という理念に光が当たりはじめると、チュチェ思想のこの人間中心主義もまた一定の意義を持ち始めたのだといってよい。この現象を私は「ポストモダン以後のチュチェ思想」と称している。

「自主」という概念も同じだ。関係主義やリージョナリズムという概念が全盛を迎えていた時期には、北朝鮮の自主という考えはいかにも古くさく、間違ったもののように見えた。しかし、冷戦以後の世界が再びアメリカ、中国、ロシアといったヘゲモニーの勢力争いとなった今、北朝鮮のいう主体的な自主の道という考えは、またその魅力を発しはじめているといってよい。

この魅力は、かつての冷戦期のように社会党を中心とする左派にとってだけのものではない。むしろ、今の日本で北朝鮮にもっとも強く魅力を感じなくてはならない勢力は、反米右派であろう。二〇一二年四月から五月に私が「日朝友好京都ネット」の一員として訪朝した際に、自称右翼という日本人男性が同じ訪朝団のなかにいた。右翼というより極右という感じの人であった。なぜ訪朝団に参加したかというと、「わが日本と敵対する悪しき北朝鮮とはどんな国なのか、いちど自分の目で確認したい」という理由だった。ところがこの男性が、北朝鮮での見聞を一日、二日と増やしていくごとに、見事な「北朝鮮シンパ」になってしまったのである。「北朝鮮は立派だ。国を自主的に守っており、国民が統治者を尊敬している。自分は右翼だが排外主義者ではない。北朝鮮のような国に日本は学ばなくてはならない」というのが、訪朝五日目の彼の言葉である。

これを「北朝鮮による洗脳だ」と切って捨てるのはたやすい。しかし、彼の変化の様子を間近で見ていた私の見解では、彼は単に北朝鮮によって変えられたのではない。自ら進んで北朝鮮の魅力を選んだのだ。それは彼の政治的信念にもとづくものであり、その信念が日本では充たされなかったのが、北朝鮮という国家を見てそこにひとつの「解答」を見つけたのである。この発見と選択を、われわれは最大限に尊重しなくてはならない。なぜならそれは、米国に従属する日本のすべてのメインストリーム（永田町、霞ヶ関、マスメディア、アカデミズム……）からの離脱という道を、自らの経験によって北朝鮮に見出したからである。

このように、北朝鮮の「自主」という概念は、かつての冷戦期とは異なった意味を持って日本人に向かって立ち現われている。その間、北朝鮮の「自主」はぶれていないが、世界情勢のほうが大きく変化したために、「自主」に新たな生命力が加えられたのである。これを北朝鮮のソフト・パワーと呼ばずして何と呼べばよいだろうか。

日本と韓国が北朝鮮をあなどれない理由

実は、この「ぶれない北朝鮮」のソフト・パワーは、われわれが思うよりもずっと大きな文明的・文化的意義を持っている。

そのことをひしひしと感じるのは、この十年間くらいの韓国人とのつきあいにおいてである。この十年、韓国は世界中の誰もが想像しなかったほどの発展を遂げ、経済的に巨大化した。しかしこの時期は私にとって、自分の中で韓国への関心が薄れてくるのを認めざるをえない十年であった。韓国はかつての魅力にあふれた国ではなくなっていた。ふつうの国になっていた。あるいは、もっと正確にいえば、ふつうの国であるかのように振る舞うようになっていた。自己のアイデンティティに対するひりひりするような痛みの感情を、あたかも忘却しえたかのように振る舞っていた。それと同時に韓国は、単なる金儲け国家に変わっていった。文化や社会はその目的（金儲け）に従属するようになった。その金儲け国家を別の名で、グローバル・コリアというのだそうだ。

かつてあれほど魅力的だった韓国人の精神性は、消え去ろうとしていた。

そもそも韓国が魅力的だったのは、民主化運動という巨大な精神のうねりだった。その頃の韓国人は、剛毅な精神のかたまりであった。民主化と反米と反日を同時に唱えていた。もちろん階級闘争が先か、帝国主義からの離脱が先かの路線対立は劇しかったが、根本的に韓国人は人間を叫んでいた。「人間は誇りを持って生きなければならぬ、その尊厳を踏みにじる者は出てゆけ」という叫びだった。

もちろんそれは硬直した精神であった。妥協を知らぬ、闘争のみを事とする精神であった。成熟した社会には似つかわしくない精神であった。だから韓国が豊かになり、多様化し、世界の中で重要な役割を担うにつれて、韓国人が寛容になり、柔和になり、精神性を前面に出さないようになったのも、自然な推移である。

しかしこの十年ほどのあいだに、中産層以上の韓国人と会って話すと、その口から出てくるのはたしかに韓国語なのだが、その音声の中身はアメリカ人の言葉である、というような事態が一般化しつつある。中身がアメリカ人なら、どうしてわざわざ韓国語をしゃべらなくてはならないのか。韓国がグローバル化して豊かになることはすばらしいことだが、その代償としてこれほど多くのものを失わねばならないというのは、まさしく悲劇であった。韓国のかぎりなく美しい言葉や文化は急速に失われていった。そのかわり、マーケティング化され企画化された自己オリエンタリズムの「文化もどき」がわがもの顔で闊歩するようになった。漢字を読めない俳優が時代劇で士大夫の役をやっている。韓国のゆたかで多様な精神性が何たるかを知らない似而非文化人がテレビや本で韓国、韓国とわめいている。歴史を知らない人びとが記号のように慰安婦、独島と叫んでいる。これを韓国精神の劣化と呼ばずして何といえばよいのか。

この道なら、日本が韓国の先輩である。日本ではすでに韓国以上に、言葉や文化や精神の美しさ、ゆたかさ、多様性は完膚なきまでに稀釈され、摩滅させられていた。日本人が韓国人をとやかくいえる立場にはない。日本人はすでに、歴史と心といのちを忘却したまま、日々をかろうじて営業しているだけになって久しい。「日本」という固有名詞と「精神」という一般名詞を徹底的に切り離すという作業も、戦後数十年にわたって完全に遂行された。まだ抵抗の残っている韓国に比べれば、惨状はより甚だしい。

なぜこうなってしまったのか。

これは日本人や韓国人個々の問題ではない。世界の構造の問題である。

そしてこの構造化にほぼ単独で立ち向かっているのが、北朝鮮なのである。

アメリカに核の挑発を受けても屈せずにそれに対抗し、グローバルな資本の攻略を受けては部分的にそれに応じながらも全的にそれに従属することを拒み、自らの言葉と文化と精神を守りつつ、人間の意識と創造と自主を死守するという気概は、容易に貫徹できるものではない。

われわれは、すでに日韓が捨ててしまったそのような気概を、孤立しながらも死守している国家があるのだという認識からまず始めなくてはならない。

もちろんそのような自尊心と精神性は時代錯誤でひとりよがりな低レベルの戦略である、という考えも成り立つであろう。国民がひもじい思いをしながらの自尊心に一体ひとかけらの意味でもあるのか、という批判である。この批判は至極真っ当であり、充分に説得力がある。

だが、重要なのは、北朝鮮を批判するのであれ糾弾するのであれ、まずその前提として、この国家は周囲のほかの国家が捨ててしまった自尊心と尊厳を死守しようとしているのだ、という認識がなくてはならない。まずはこの認識を共有し、その次にそのことの是非を問うべきなのだ。それなのに、日本では北朝鮮のそのような気概を認識すること自体が馬鹿げたことだと思われ、また韓国では国家保安法という装置によって北朝鮮の意図を正当に認識すること自体に法的な制約がかけられている。

ソフト・ウォーを回避する道は

もちろん、これら「北朝鮮の魅力」はある視点から見てのものであるから限定的なものであるし、しかもそれが全面的に日本の指針になるなどという類いのものでは決してない。

朝鮮半島の二つの国家のうち、韓国が日本にとってより重要なパートナーであることは、疑いようがない。民主主義・自由・資本主義という体制を共有する国家がすぐ隣にあるということの重要さは、いくら強調してもしきれない。

また、グローバル化する世界の中で果敢に挑戦と実験を展開する魅力的な国家としての韓国を、日本は大いに学ぶべきである。韓国もまた、「もはや日本は必要ない」という間違った認識を捨て、日本から学び続けなくてはならない。つまり日韓は互いに緊密にハイブリッド化しており、切っても切り離すことはできず、互いに好意と嫌悪を混交させながら学びあっていく関係から離脱することはできないのである。

このことには一点の揺らぎもない。

ほかのどの東アジア国家よりも長く深い自由と民主主義の伝統を持つ日本は、この二つの概念に対していかに懐疑と倦怠と嫌悪を感じているとしても、これを捨てるわけにはいかない。つまり韓国と北朝鮮を比べて、前者より後者のほうがすばらしいということは決してできないし、してはならない。

このことは、われわれの世界認識が直線的ではありえないことにつながる。

直線的とはどういうことだろうか。「日本社会のここが間違っている。北朝鮮はこう正しくやっている。だから北朝鮮はすばらしい」という論法にはならない、ということをいっているのである。残念ながら、そのような直線的な認識は成立しない。北朝鮮のところに韓国を代入しても、米国やドイツを代入しても同じである。

直線的な認識こそが、ソフト・パワーという理念に対して従属してしまう通路である。つまり、「自国よりあの国のほうがよりよい理念を持ち、よりよい体制を持ち、よりよい文化を持ち、よりよい道徳を持っている。だからわれわれもあの国のようにならなくてはならない」という直線的な認識こそ、ソフト・パワーによって操られ、支配され、統治されてしまう陥穽なのだ。そしてこれは容易にソフト・ウォー的な世界観、つまり、「あの国よりわが国のほうがすぐれている。だから劣ったあの国の道徳や文化とは徹底的に戦わなくてはならない」という直線的な世界観に通じてしまうのである。

この道を回避するためにわれわれは、北朝鮮のような国家すらも「もうひとつの参照軸」として認識すること、そのことにより、ヘゲモニーの勢力が日々強要してくる直線的認識の枠組みを自ら攪乱し、粉砕し、解体することに励まなくてはならないのである。

第六章　朝鮮民族と道徳の関係

——二〇一四年七月

日朝交渉のゆくえ――二〇一四年五月

二〇一四年五月二十九日夜、日本の安倍晋三首相は記者団に対し、日本人拉致被害者の再調査に関して北朝鮮との合意が成立したと電撃的に発表した。北朝鮮側は特別の権限が付与された特別調査委員会を設置し、拉致被害者をはじめとするすべての日本人に関する調査を実施することとし、日本側はこれに応じて北朝鮮に対する制裁措置を解除する意思を表明したのである。そして七月三日、日本政府は独自制裁の一部解除を決定した。日朝交渉はこれからが本格的な正念場となる。

拉致被害者の調査が具体的・実質的にどこまで進むのか、そしてその結果が日本側にとって納得のゆくものになるのか否かがもちろん、最大の鍵である。これは日本の世論に大きく影響されるイッシューであるから、事態の推移に関しては予測が困難だ。拉致被害者の家族および日本の世論が北朝鮮の調査結果を誠意あるものとして認め、あるていどの線で納得するか、あるいはまったく納得できずに突っぱねるか、のどちらかふたつに収斂することになるが、後者になった場合には日朝関係が今後好転する可能性はほとんどなくなる。したがって北朝鮮は本当に誠意をこめて調査をし、その結果を日本側に伝えなくてはならない。つまり、金正恩第一書記にとって、北朝鮮の指導者に就任後はじめて、父親の金正日総書記時代の統治を正面から否定しなくてはならない局面に立つわけだ。

ただ気になるのは、五月の日朝合意文書において、「北朝鮮側は（中略）全ての日本人に関する調査を包括的かつ全面的に実施し、最終的に、日本人に関する全ての問題を解決する意思を表明した」という部分である。これは具体的には、「一九四五年前後に北朝鮮域内で死亡した日本人の遺骨及び墓地、残留日本人、いわゆる日本人配偶者、拉致被害者及び行方不明者を含む全ての日本人」に関する問題のことだ。しかし重要なのは、日本人遺骨問題が拉致被害者問題よりも優先順位として先に置かれることにより（実際、日朝合意文書での順番はそうなっている）、日朝の間の齟齬が大きくなる可能性がある点である。七月一日の日朝外務省局長級協議後の日本側文書では、日本人遺骨問題よりも拉致問題を前の順番に置き、五月の合意文書を変更している。しかし北朝鮮側の文書においては依然として拉致問題が後に置かれているのだ。

日本人遺骨問題は、たしかにきわめて重要な課題である。そしてこのテーマは情緒的に、日本人の北朝鮮に対する好印象を形成しやすい。これまで日本人遺骨問題で訪朝した日本人は、この問題に取り組む北朝鮮側の誠実さ、真剣さに高い評価を与えていることを私は直接聞いている。もっとも決定的なのは、このテーマは「全員の墓地および遺骨を確定する」とか「すべての遺骨を日本に返還する」などということがそもそも不可能だということだ。したがって、一九四五年八月から一年あまりのあいだに今の北朝鮮領内で三万四千人ほどが亡くなったとされているその数のうち、たとえば百というオーダーの人数が墓地・遺骨を確定・返還され、あるいは遺族が墓参をしただけでも、その結果に対して日本社会の反応が良好となる可能性があるだろう。拉致問題のすべてが日本側の満足のゆくように進展しなくても、遺骨問題の好印象によって、あるていど自己のイメージを相殺させようという戦術を北朝鮮側は採ってくるだろう。そのことに日本側はどのように呼応するか、ということがもっとも重要な焦点となってくるはずだ。

いずれにせよ、今後日朝間でタフな交渉と世論操作が繰り広げられることになる。ここは日本国民も冷静に、譲れる部分と決して譲れない部分を果敢に線引きするという決断をしなくてはならない。その際にもっとも避けねばならない反応は、「すべてを手に入れようとして逆にすべてを失うこと」であるが、実はネットにはそれよりももっと国益に反する反応があふれている。それは次のようなタイプの認識である。「北も南もクズだな」「北も南も同じ穴のむじなだ」「北であろうが南であろうが朝鮮民族は信用できない」「北とも南とも断交だ」「日本は朝鮮半島と一切関係を断ち切れ」。

嫌韓感情と反北朝鮮感情が合体したこれらの思考停止的な反応（「コリア・フォービア」とでも名づけたい）は、日本に一滴の利益ももたらさない。もし日本が国益という概念を自ら完全に放棄する気がないのだったら、朝鮮半島にふたつある国家のいずれもと関係を断つというのではなく、そのふたつの国家の力学的関係をうまく読み取りながら、その〈あいだ〉で適切な行動をとることによって日本の国益を確保し、同時に朝鮮半島の安定に貢献するという方向性を目指さなくてはならないはずである。

いずれにせよ朝鮮半島問題は日本にとってもっとも高度なバランス感覚が要求される繊細なイッシューである。一時的な感情に振り回されずに、国家百年の計という構えで取り組まねばなるまい。

朝鮮民族は反省、自己変革をするのか——二〇一四年四月、セウォル号沈没事故

さて、日朝交渉に関しては、今後の推移を見守ることにしよう。

本章では、それとは別に、次のことを考えてみたい。「朝鮮民族にとって、道徳とはいったい何なのか」ということである。韓国に関する叙述が多いが、眼目は北朝鮮も含めた朝鮮民族全体についての考察である。

具体的な事柄のあれこれを語りたいのではない。事柄の抽象度をぐいと上げて、かなり思想的なレベルでの議論をしてみたい。

そのきっかけは、二〇一四年四月十六日に起きた韓国のフェリー船・セウォル号沈没事故である。

ここに、日本と朝鮮半島との関係を考える上での重要なポイントが露出していると私は見る。この事故をめぐって、韓国社会は四月、五月と大きく揺れた。ぐらぐらと揺れながら、韓国社会の本質をみごとに露呈させた。この二カ月間ほど、韓国社会とは何かということをきわめてあらわに示した時期は、近年においては珍しかった。

キイワードは「道徳」である。

韓国社会は、セウォル号事故の根本原因は「道徳・倫理の喪失」にあると見る点で完全に一致していた。新聞は連日、「わが国の道徳を立て直さなくてはならない」「経済成長・効率一辺倒主義によって道徳・倫理が喪失してしまった」という見解を述べつづけた。延世大学の教授百人以上が、今回の大惨事を反省し、「社会全体の反省と悔い改め」を求める声明を発表した。大統領だけでなく大学教授や知識人たちがこぞって「道徳・倫理の確立」を謳って立ち上がった。国会では「人格教育振興法案」が発議されたがその別名は「イ・ジュンソク防止法」である（イ・ジュンソクはセウォル号の船長の名）。

このような様子を見て日本人は、「韓国人も反省するのか」という奇異かつ新鮮な印象を持ったらしい。私のところにも、日本のマスメディアから「今回の事故を契機として韓国人がこれまでとは違って反省しています。これは韓国社会の変化をあらわしているのでしょうか」などという質問が相次いで寄せられた。

韓国人はことほどさように「反省しない人たち」という印象を多くの日本人に与えているようだ。歴史認識問題や領土問題に関して、一切自己省察はせずに一方的に「日本が悪い」という主張ばかりしている。反省や自己批判という思考とは完全に無縁の人たちである、という韓国人イメージが、日本でこの数年のあいだに強固に形成され、定着してしまったのかもしれない。

だが、それは誤った認識である。韓国人は反省を好む。否、むしろ四六時中反省をしている人たちである。「われらのこういうところがいけない。抜本的に直さなくてはならない」という反省がマスメディア、学校、会社などにおいて繰り返し繰り返し語られている。このような不断の反省と自己改革が、韓国を短期間に先進国の仲間入りさせた要因であると考えられる。反省なくしてどうして自己改革ができるだろうか。そして自己改革なくしてどうして経済発展や民主化が達成できるであろうか。

だからこの点に関しては、日本人は韓国認識を変えなくてはならない。韓国人は決して、「反省をしない」人たちではないのである。

だが他方で、私の考えでは、韓国人の反省はいつも、中途半端で終わっているという印象を与える。このことが、日本人の韓国人イメージに決定的な影響を与えているように思えるのである。

それはこういうことだ。

韓国人の反省はつねに、「反省できる韓国人」を強固に前提している。つまり、「われらは反省できる人間である」という強い信念が韓国人にはある。そのことを疑うことはないのである。これは近代的な「再帰的自己」観を韓国人が強く持っているということを意味するが、より正確にいうと、歴史を遡って、中国との関係性においてそのような自己観が長いあいだに形成されたのだと考えることができる。つまり、古代からずっと、隣に位置する中国という巨大な勢力によって、「変わるか、さもなくば消滅か」という究極の選択肢をつきつけられつづけたことが、この民族のメンタリティを深層において決定していると考えられる。中国のいうとおりに変身できるか、さもなくば中国に併呑されてしまうか、という自己の存続を賭けた絶対的な二者択一である。

これは新羅、高麗、朝鮮と三つの王朝にわたって受け継がれてきた生存本能だということができる。新羅も高麗も朝鮮も、唐や元や明・清のいうとおりに自己を果敢に変革することにより、つまり中国のいうとおりになることによって、中国そのものになってしまうことをかろうじて免れてきたのだった。中国に併呑されないためには、中国のいうとおりに自己を変革しつつ、一方でそのことの屈辱感を自己内で極大化し、面従腹背を金科玉条としながら、他方では中国的普遍を自己化することに陶酔して、しまいには「中国よりも中国らしい非中国」という自己像を達成することによって逆に、「実は決して中国らしくない中国」を徹底的に蔑視するという心理の回路を強固にする。これが、朝鮮王朝時代に構築された「小中華」という文化心理戦略なのであった。

要するに、朝鮮民族にとって、「反省や自己変革ができない」というのは無能そのものの謂なのである。現在の歴史認識問題をめぐる日本に対する韓国の蔑視も、「日本はなぜグローバルな人道的価値という基準に合わせて反省や自己変革ができないのか」という心理があるためである。だがそれではなぜ、先に私がいったように、その反省や自己変革は「中途半端」なものに終わってしまうのであろうか。

ひとつの理由は、面従腹背という戦略にある。朝鮮民族は決して心から内発的に変革したいわけではないのに、外部からの強烈な圧力によって変革を強要されてきた。その自己変革への疲弊感が、「表面的な変革、内面的な不変」というこれもまた生存のための戦術を発達させてきた。現在でいえば、韓国のメディアや北朝鮮の政権がいくら自国民を徹底的に変革させようと叫びに叫んでも、国民の心の深層にまではその叫びが到達せず、結局は腐敗やニヒリズムが横行してしまう、という構図になっている。

だがもっと重要なのは、次の点ではあるまいか。つまり、先に述べたように朝鮮民族は「反省できる自己」に対する絶対的な信頼を持っているのだが（それはたとえば日本人の変革可能性への自信のなさと比べれば懸隔の違いがある）、問題はまさにその点にあるのだ。

朝鮮民族がなぜこれほど楽天的に自己反省と自己変革ができるのか、という問いに、それは朝鮮民族の自己が明確にふたつに分離しているからだ、と答えることができる。つまり、変革する自己と変革される自己。変える主体と、変えられる客体。善なる私と、悪たる私。このふたつを楽天的に切り離すことによって、朝鮮民族は激変する状況や外部からの暴力的かつ理不尽な圧力に巧みに対応してきた。

自己反省し自己変革するためには、それをする主体としての自己が確固として存在していなくてはならない。これを朱子学的な術語を使って、「克己」する我には「理」が具わった「心」があるのだ、その「心」には先天的に「天理」が具わっているのだから、その自己を絶対的に信じることによって自己の悪なる部分を矯正することは百パーセント可能なのだ、というように儒教的に説明することができる。つまり朝鮮民族のメンタリティは朱子学的なのであって、たといその人がキリスト教信者であれ仏教徒であれ、この朱子学的な心理構造は同じなのである。

したがって朝鮮民族の自己反省・自己変革の速さは驚くべきものとなる。それに比べると、日本人は仏教的な空・無のメンタリティが非常に強いので、確固たる変革主体としての自己を信じるという力が弱いのである。ただし日本でも朱子学的な変革主体が著しく強化された時代があった。それが幕末から明治維新以後の近代という時代だったのである。つまり日本の近代というのは、儒教からの離脱を意味したのではなく、外部からの圧力に対応して自己を果敢に変革する主体を構築するために社会全体を朱子学化した時代の謂だったのだ(このことを私は『朱子学化する日本近代』藤原書店、二〇一二に書いた)。

韓国社会に道徳はないのか

さて、朝鮮民族の分裂的主体は、朱子学の規定にのっとって、自己という枠を超えて社会の構成員にまで拡大する。つまり、「変革する主体」としての知識人と、「変革される客体」としての民衆との分離である。

北朝鮮は共産主義国家であるから当然、建国の前後に地主・親日派などとともに知識人に対する粛清を行った。また自らが知識人ではなかった金日成は、朴憲永などのインテリ共産主義者を嫌悪して粛清した。しかし中国の文化大革命やカンボジアのポル・ポトのような徹底した知識人蔑視・知識人抹殺の政策が行われたわけではない。北朝鮮の独特な身分制ともいわれる

「出身成分」の分類において知識人は下位に封じ込められているが、これは解放前の身分を指しているのであって、建国後の北朝鮮社会では知識人はむしろ高く遇されている。朝鮮労働党の党旗に、鍬（農民）・ハンマー（労働者）と交差する形で筆（知識人）が真ん中に垂直に描かれているのはその象徴といえるだろう。

韓国もまた朴正熙の軍事政権時代に儒教的知識人の受難の時期があったが、それ以外は知識人が支配する社会だったといえる。民主化運動の時期には、「民衆こそ主体」「民衆的世界観こそこの社会の正統」という民衆史観が強く機能したが、そこでいう「民衆」を規定し、社会の主体に持ち上げ、運動を展開したのは知識人たちだったのである。

ここには朝鮮王朝以来の、「知識人こそが克己することができ、克己することができる人こそが社会のリーダーになるべきである」という儒教的な世界観が色濃く反映している。

今回のセウォル号事故で私が感じたのは、「この惨事をきっかけに韓国は変わるんだ、変わらなくてはならない、と知識人たちが大合唱している。たしかに韓国は表面上、変わるだろう。しかし、その変革は中途半端なものに終わるだろう」ということだった。

なぜか。

ここには、「知識人がこの社会の主人であり、知識人がすべてを決める」という伝統的なメンタリティが強烈に浸透しているからである。

先に述べたとおり、キイワードは「道徳」である。

韓国の知識人たちは、皆一様に、「この社会の道徳・倫理は地に堕ちた。一刻も早くそれを回復せねばこの社会は崩壊してしまう」という悲愴な覚悟で叫びつづけている。この社会の最大の問題点はまさに、ここにあるのである。

韓国知識人たちは、「韓国にはすでに道徳・倫理がない」というが、実態はその正反対である。私にいわせれば、韓国は道徳・倫理があふれかえっている社会である。過剰といってよい。平常時から、この社会では道徳・倫理が叫ばれ、そして人間を序列化する尺度として機能しすぎている。金持ちやスポーツ選手や芸能人といった、かつては社会のなかで評価されなかった人びとが韓国社会の表面に浮かび上がってきているのはたしかだ。しかしこの社会は、まだ金持ちやスポーツ選手や芸能人をそれそのままで評価する価値の尺度を持ち合わせていない。だからそのような人びとに対しても、道徳的な尺度を当てはめて評価せざるをえない。どんなにすばらしい成績を残したスポーツ選手でも、「国家にいかに貢献したか」という道徳的尺度でしか評価されえないのである。

ことほどさようにこの社会では道徳が跋扈している。それならこの国の国民はみな道徳的なのか。そうではない。知識人の観点からすれば、この国の道徳はいつもすでに「地に堕ちている」のである。公務員は腐敗し、企業は虚偽を繰り返し、現場で働く人間は規律を守らず、すべてが自己の利益と保身のためにうごめいている。

なぜ腐敗するのか

それはなぜなのか。

ひとことでいえば、超越性にあまりに依存している、というこの民族の性格のためだ。超越性というのは、この場合、道徳といってよい。道徳が、超越性になってしまっている。キリスト教や仏教などを信じる宗教人口が多いのが韓国社会の特徴のひとつだが、それら宗教を信じる人たちは、「自己の側にこそ宗教性はある。その宗教性は神や仏という超越性によって保障されている」と考えている。だから社会は超越性の争奪合戦となっている。どの超越性がもっとも高い権威と権力を持っているか、という劇《はげ》しいたたかいである。

すなわちこの国で道徳というのは、すべて超越的な源泉から下々の者に下降してくるものであって、それをどのくらい分有され体現しえたかが、社会の厳しい序列のなかで生き抜いていく堅固な原理となっている。

なぜ民衆にはキリスト教や仏教の熱心な信者がかくも多いのか。それは、この社会の中枢にいる知識人たちが、「自分たちこそ超越性にもっとも近い存在である」という自己規定のもとに、民衆たちを教化するからである。これは儒教社会における士大夫の役割を忠実に引き継いでいるといってよい。

民衆たちはこの知識人たちの教化にあるいは呼応して、あるいは対抗して、自らが信じる信仰体系のなかで超越性に近づくという競争をしている。

つまりこの国では、知識人も民衆もみな、道徳という名の超越性に従属しているのである。そしてその道徳性の中身はばらばらなのだが、唯一ひとつだけ共通なものとなりうるものがある。それが愛国心である。この国の道徳志向性は、愛国心という一点に収斂して、その達成度による序列化というダイナミズムを動力として機能する。

私の考えでは、このような構造こそが、この国の腐敗を温存する装置なのである。もういちどいうが、この国に道徳がないからこの国に腐敗が横行しているのではない。この国は道徳まみれだから、腐敗が横行するのである。

この国にもっとも過剰なのは道徳であり、逆にこの国にもっとも欠如しているのは、現場で汗水垂らして働く人たちへの敬意である。なぜなら朱子学的伝統にのっとって、この国の道徳は超越性なのだから、超越性こそに価値の源泉があるのであって、ひとつひとつの細々とした日常的なもの・ことなどにさして大きな注意を払わないし、そんなものを評価する軸は持たない。驚くべきことは、韓国がこれほど経済的に発展し、資本主義的な意味で成功した国家であるにもかかわらず、ものづくりや流通や販売など資本主義の「現場」で働く人たちへの理解や敬意はほとんど育っていないという事実である。私は今回のセウォル号事故の顚末を見て、そのことを再確認した。

知識人たちは、自分たちを超越性の高みに置いたまま、現場で働く人びとを蔑視しつつ、その道徳性の欠如を声高に非難しつづけた。このような光景は、過去に何度も何度も見てきたことである。一九九〇年代に営業中の百貨店が崩壊したり漢江の橋が崩落したときも、韓国社会は今回とまったく同じ反応を示した。利益第一主義、効率第一主義によって道徳が失われた韓国社会を糾弾する言説が溢れかえったものだ。だが、その糾弾によって韓国社会が変わったわけではなかった。今回もまた、同じ糾弾を繰り返している。

韓国社会がやるべきことは、ただひとつである。大学教授やジャーナリストなどという「知識人」たちが「道徳の復活」を叫ぶことではなく、すべての「現場」で汗水垂らして働く人びとに敬意を表しつつ、その人たちの価値観・世界観を重視し、それに学ぶことである。知識人としては耐えられないほどの屈辱であろうが、それをしないかぎり、またこのような事故は必ず起こる。なぜなら韓国社会においては、肉体を使って仕事をする人たちの多くは、自分たちがこの社会で正当に評価されないことを不満に思いながら、心理的なサボタージュを展開しているからである。だから腐敗や事故が生じるのである。どうせ自分たちが一生懸命仕事をしても、それが正当に評価されることはない。偉そうな「知識人」が上から説教をしてくるだけだ。この社会では、肉体を使って働く人間への敬意が根源的に欠如しているのだから、この「道徳的封じ込め」が変化することはありえない。だったら真面目に働くのはばかげている。末端公務員は遊ぶことを優先し、企業は数量や契約をごまかすことに専念し、現場の人間はできるだけさぼることを夢見る。その結果が一点に収斂したのが、今回の惨事なのである。つまり腐敗しているのは、この社会の中枢で「道徳」を叫んでいる知識人たちによって抑圧され、侮蔑され、無視された人びとなのだ。知識人たちによる抑圧・侮蔑・無視が変わらないかぎり、この腐敗がなくなることはない。現場の人たちがどのような思いで働き、どのような技術と世界観をもって日々の仕事に取り組んできたかを知らずして、今後このような事故の再発を防ぐ道はない。

韓国社会の「現場」で働いている人びとがすべて腐敗しているわけではない。多くの人びとは、真面目に正直に働いているのである。しかしその労働だけによっては決してこの社会では評価されないので、キリスト教や仏教などの超越性に救いを求めるのである（韓国ではキリスト教だけでなく仏教もまた著しい超越性信仰の性格を持つ）。

北朝鮮と韓国の競合

考えてみれば、このような「国民のメンタリティの大転換」こそ、北朝鮮社会が建国時から必死に取り組んできたことだった。つまり、労働というものがいかに大切なものであり、労働がすべての根本であるという思想を、北朝鮮社会では徹底して国民に浸透させた。それは、朝鮮王朝以来染みついてきたこの民族のメンタリティに対する正面からの大々的な外科手術であった。不労所得によって暮らす伝統的な両班《ヤンバン》の世界観を根底から否定し、額に汗水垂らして農場や工場で働く人びとこそ尊いのだとする意識変革は、きわめてラディカルなものだった。朝鮮の未来は、この労働する人民のためにある。一九六〇年代、七〇年代に多くの日本人にとっても北朝鮮の未来が輝かしく見えたのは、根本的にはこの「働く朝鮮人」の力強さ、途方もない明るさ、汗水への敬意といったイデオロギー的表象に大きく影響されたものだろう。

しかし皮肉にも、一九六〇年代から七〇年代に南北両国の経済は逆転し、その後北朝鮮経済は完全に疲弊し行き詰まったのに対し、韓国経済は世界の先進国の水準にまで到達することとなった。なぜそうなってしまったのか、については五十も百も理由がある。だがそのなかで重要なことをいくつか挙げると、次のようなことがいえる。

もっとも重要なのは、韓国が朴正熙政権時代に朝鮮王朝の儒教的なメンタリティを徹底的に糾弾し、超越性に依存する知識人を排除し、リアリズムに基づく国民意識改革をしたことだろう。軍事的世界観を忌み嫌う伝統儒教的知識人を弾圧し、軍事や労働という価値を国民に教化した。これは日本的な世界観の徹底だったが、北朝鮮を模倣することによる北朝鮮への対抗という側面も含んでいた。事実、朴正熙の政策は経済政策を含めてその多くの部分が、日本と北朝鮮の模倣だったといってもよいくらいだ。

もうひとつ重要なのは、それにもかかわらず、韓国人のあいだに朴正熙的なリアリズムは充分に浸透せず、中途半端のまま終わってしまったことだ。一九九三年に、軍人出身の大統領の時代が終わりを告げると、「文民政権」の金泳三大統領の時代には、朴正熙以前の朝鮮王朝的メンタリティが復活した。そこではまた、超越性（儒教的道徳性）を把捉したと自負する知識人たちが社会の中枢に躍り出ることになった。田中明の歴史観を借りれば、韓国は朴正熙大統領という「例外」の時代を終え、朝鮮王朝時代からの伝統的な「正常」に戻ったのである。このことによって韓国社会はまた、リアリズムを離れて超越性の時代に回帰した。だが皮肉にも、そのことが当時の時代思想とぴったり合致したのである。

一九九〇年代に産業化から情報化への転換を急速に迎えていた資本主義の波に乗り、韓国社会は額に汗水垂らして働く労働者の価値観から、スマートに情報を操って効率的に技術や戦略や情報を手に入れ、それを経済価値に変換するという知識産業型の価値観へ速やかに移行した。もちろん韓国でこの時期以後ものづくりの産業が衰退したということではない。この後も製造業はますます力をつけ、世界でのシェアを伸ばしつづけた。ただ、その際の仕事のイメージは、労働集約型の「額に汗して働く」というものではなくなった。この新しい資本主義のやり方は、基本的に朝鮮民族の知識人たちの世界観に合致していた。つまり知識や知性を使った頭脳労働をする人間こそが社会の主流になるべきだという世界観である。そのこと（伝統的な世界観への回帰）に安心感を得た韓国社会は、その後二十年のあいだに驚異的な経済成長を成し遂げることになる。他方、北朝鮮ではこの時期まだ、旧来の「額に汗水垂らして働く」という倫理観のみが強調されており、情報化への離陸において完全に遅れをとってしまった（ただし現在の北朝鮮はＩＴ立国を目指しており、労働をめぐる価値観も大きく変わりつつある）。

法治の問題

朝鮮民族の道徳をめぐる認識に関しては、さらに重要なポイントがある。

それは今回のセウォル号事故においても如実にあらわれた。

セウォル号の船長が逮捕され、合同捜査本部によって殺人罪（など）によって起訴されたことに対して、日本人の多くが疑問を抱いたという点である。日本だったら業務上過失致死の適用が順当であると思えるが、韓国では殺人罪の適用に対して国民から疑義が出ないのはなぜなのか、という疑問であった。

これに対して私は次のように答えた。

韓国と日本では、「法治」という概念が異なる。日本は法治国家であるが、韓国も法治国家だ。ただ、その法治に対する考えが、大きく異なるのである。

日本では、法を超越する何らの上位概念がないことを法治と考える。たとえば法よりも世論のほうが上位であり、法は世論によっていくらでも乗り越えられると考えたら、法治は崩壊する。だが、韓国では、法が道徳・人倫の実現のために機能しているのが法治だと考える傾向が著しく強い。だから法は道徳によってしばしば乗り越えられる。

従軍慰安婦問題に関しても、日本側はいちど日韓基本条約で決められたことを後の価値観で覆すことは、法（この場合は条約）の安定性を著しく損なうと考える。だからといって日本側がこの問題に対して冷たい態度をとりつづけたわけではない。アジア女性基金は、法の安定性を確保したうえでもっとも相手に配慮したやり方だった。しかし韓国側は、それでは納得しない。本当にこの問題について心の痛みを感じているのだったら、その道徳心がどうして法を超えることができないのか、というのである。「これは道徳問題である」「これは人道問題だから」と韓国側は金泳三政権のときからずっといいつづけている。そして実際、憲法裁判所は二〇一一年に、慰安婦問題で韓国政府が日本政府に解決のための働きかけをしないことを不作為であり憲法違反だとした。

法治に関するこのような根本的な考え方の違いは、伝統的なものだ。儒教社会であった朝鮮王朝においては、法よりも道徳が上位に置かれた。むしろ法家との対立で、儒家は法を蔑視する。法家流の法治ではなく儒家の徳治こそが、最高の統治である。しかし日本では、明治時代に法治という概念を西洋から取り入れ、それを忠実に実行した。朝鮮よりも儒教的伝統が浅かったこと、すでに徳川家康の統治から道徳よりも法度の優先が実現したことなどが大きい。日本近代は西洋化であるとともに朱子学的序列化でもあったと私は考えているが、法治という反朱子学的観念をめぐって朱子学的な序列化を推進したのが明治時代だったのであろう。

古賀勝次郎『鑑の近代』(春秋社、二〇一四)によれば、日本が明治初期に法治という西洋近代の概念を容易に受け入れられたのには、江戸末期の安井息軒の影響が大きい。日本で法の確立をめざした谷干城、陸奥宗光、伊地知正治、井上毅、千葉卓三郎らはすべて直接・間接的に安井息軒の弟子だった。その安井は『管子』を高く評価した。そしてこの『管子』こそは法と道徳の接点を説いた古典であり、中国・朝鮮の儒者には読まれなかったが江戸時代の日本儒者には広く読まれた。中国・朝鮮では正と結びついたのは政であり(『論語』の言葉)、法は道徳とは結びつかなかった。それゆえ儒教的伝統ではつねに法は道徳の下位に貶められた。しかし西洋では法が正義と結びつくという観念から法治思想が生まれ、君主の政治を法で統御するという構造が誕生した。

儒教的伝統では、為政者の政治こそ正義・道徳と結びつくものなのだから、政と正を一致させることに最大の努力を傾注する。法は正とは結びつかないのだから、政よりも下位に位置づけられるため、法治という観念は生まれない。

韓国は法治国家を自認しているので、完全に政治が法を超越するとはいえない。平常時には、法治は機能している。しかし大統領が退任後に逮捕されたりすれば遡及法によって在任時の行為を裁くし、またセウォル号の惨事のような「例外時」には「道徳は法を超えなくてはならない。超えることができてこそこの社会はよい社会だ」という観念が噴出する。

北朝鮮では、法治という概念はもっと脆弱である。憲法と法律は整備されているが、それがどのくらい適切に適用されているかはわからない。張成沢氏の処刑に際しても、一応法廷は開かれたが充分な審理がなされたとはまったくいえないし、ましてや張成沢一派の粛清となると、きちんとした法廷すら開かれていないであろう。これは、法治という概念がまったく根付いていない土壌に、独裁的な権力が「自らの判断こそ道徳的」という金科玉条を掲げて暴走するとどうなるかということを如実に現わしている。統治者を信じる人民にとっては徳治なのだが、そうではない人民にとっては最悪の恐怖政治なのだ。

それなら日本の法治に問題はないのか。そうではない。西洋近代の法治の思想が流れ着くひとつの帰着点はドイツ式の法実証主義である。前掲古賀もこのことを指摘する。これは、法によって規定されたことにはいかなる意味でもそれを超越するものはありえないという考えだ。したがって、法実証主義においては、法を解釈し、運用する人びと、つまり官僚が絶大な力をふるうことになる。日本の姿がまさにそうではないだろうか。法や条約で決まったことには、いかなる意味でもそれを超越する道徳や人道はありえない。だから日韓基本条約で決まったことにも、一切修正を加えることができない。安定性は確保されるが、極度に柔軟性を欠いた現状維持の思考にがんじがらめになる。現状の変化に応じて法を改変することができなければ、その解釈を変えるしかない。それができるのは官僚であるから、国民は官僚のパワーには絶対に勝てない。これが日本の姿なのである。

韓国、北朝鮮にも問題があり、日本にも問題がある。しかしそれにしても、東アジアにまずは「法の支配」という観念をいちど浸透させることが日本の使命ではないのか。というのは、朝鮮民族が法治という観念に疑問を抱くのは、儒教的伝統からだけではないからである。日本による植民地統治は、徹底的に法治に基づいていた。日本側からしてみれば法にのっとって支配したのだから統治は暴力的とはいえない。しかし朝鮮側からしてみれば、今まで法ではない道徳や慣習で運営していた社会に突然法実証主義のような観念が落下傘のように降ってきて、すべてを法によって（その法は当然統治者の都合のよいようにできている）決めていく、という事態に、想像を絶するような恐怖心と嫌悪感を抱いたのである。法に対するその恐怖心と嫌悪感が、いまだに朝鮮民族に残存しているように思えるのだ。法をめぐる議論を今後東アジアで活発に行ってゆかねばならない所以である。

第七章

日朝関係が東アジア秩序に穴を開ける

二〇一四年十月

東アジアはなぜ不安定なのか

二〇一四年十月現在、東アジアの状況はきわめて流動的かつ不安定である。

その根本は、米国と中国の動きが急速に変化しており(米国は消極的な意味で、中国は積極的な意味で)、その変化自体が予測不可能であることにある。米国と中国が予測不可能であれば、それ以外の国家の戦略は、極端にいえばふたつしかない。ひとつは米国と中国がどう動こうとも、自国はそれに惑わされずに泰然自若と不動の姿勢を貫くか、あるいはもうひとつは、米国と中国の動きに機敏に反応し、場合によってはその動きを先取りする形で自国もサッカーのディフェンダーのように右に左に上に下にと動きまわることである。

米国と中国のあいだにはさまれた三国(日本、北朝鮮、韓国)のなかで、もっとも敏捷に動いている印象を与えるのは韓国である。だが、今そのことが特に奇異な印象を与えるわけではない。むしろ、かつては「自主」という名のもとに右往左往しない外交を堅持してきた北朝鮮が、ここに来て比較的機敏に自国を動かしはじめたことが、現在の東アジアにおけるもっともアップ・ツー・デイトな状況変化だといえるだろう。そのもっともわかりやすい出来事が、凍りついていた日朝関係の劇的な動的展開である。

卵が先なのか、鶏が先なのか。

つまり、中国が核問題や張成沢粛清などによって北朝鮮に愛想を尽かし、自国の朝鮮半島戦略を急速に韓国寄りにシフトしたので、北朝鮮もあわててそれに対抗した動きをとっているのか。それとも、そもそも北朝鮮はきわめて戦略的に、中国との関係を果敢に再定義するため、核開発をやめず、張成沢も意図的に粛清したのか。そしてそのために逆に中国がさらに不快感をつのらせつつ韓国に接近しているのか。

また、中国との関係が悪化したためエネルギー事情などが極度に逼迫し、それに耐えられずに北朝鮮はなりふりかまわず日本に接近してきたのか（日本の主なマスメディアは一様にこのような解説をする）。それとも北朝鮮の日本接近は中国との関係悪化が主要因ではなく、北朝鮮独自の自主的な戦略・決断によるものなのか。あるいは逆に拉致問題の解決、政権基盤のさらなる浮揚のために、むしろ日本側がより積極的に北朝鮮との関係を構築しようとしているのか。

観測はさまざまである。そしておそらく国際関係において、複数のプレイヤーのどれかが全面的な主体となり、どれかが全面的な客体となっている、ということはありえないであろう。多数の主体による複雑な力関係の「おしくらまんじゅう」として、国際関係は立ち現れている。

私は本書の第三章（「北朝鮮とは何か」連載第三回、季刊誌『環』には二〇一三年十月に掲載）において、今こそ日朝国交正常化に取り組むべきだと主張した。雑誌掲載の当時はまだ北朝鮮をめぐる状況が極度に硬直化していた時期であった。北朝鮮の金正恩政権は核開発と経済発展の「並進」路線を明確に打ち出し、二〇一三年三月には朝鮮戦争休戦協定の破棄まで宣言した。日米韓の北朝鮮に対する認識は極度に悪化した。二〇一三年の時点で、日朝が接近するという方向性は少なくとも表面的には、まったくありえなかった。

それならばなぜ、日朝は二〇一四年になって急速に接近したのであろうか。日本側としては、拉致問題の進展に対する希望的観測が、もっとも大きな要因であろう。横田めぐみさんの両親が二〇一四年三月にモンゴルに行き、めぐみさんの娘である金ウンギョン（ヘギョン）さんに会ったことが、もっとも大きな突破口であった。おそらくはこの時点で、日本政府は何らかのたしかな感触を得て、北朝鮮との交渉にアクセルを踏んだのであろう。

安倍政権としては、拉致問題の解決こそが政権の基盤を強く固めるための最大のイシューのひとつなのだから、前のめりになるのも当然である。しかし、拉致問題の「解決」というのが具体的に何を意味しているのかが日本国民の誰にもわかっていない状況のなかで、この問題にアクセルを踏んだのは、かなり大きな賭けであるのは火を見るよりもあきらかだ。誰を、何人、どのように日本に帰還させれば「解決」となるのか、に対して、マスコミと世論を完全にコントロールできるという自信がなければ、決して強くアクセルを踏むことはできなかったはずだ。

だがここに、安倍政権にアクセルを踏ませるもうひとつの動因があった。それは韓国との関係である。この動因は、二〇一三年秋の時点で私が主張した論点の中心となるものだ。それは、東アジアの不安定な状況は、もっとも根源的にいえば何に起因しているのか、という認識にかかわっている。私の考えでは、東アジアの不安定は、中国の覇権主義や北朝鮮の冒険主義、韓国の中国傾斜、米国の無関心などさまざまな要因によって助長されているが、もっとも大きな要因をひとつだけ挙げよといわれれば、「日本の不動性」なのである。日本の左翼や中国・韓国は、「日本が間違った動きをするから（尖閣・靖国などの問題をいっている）、東アジアは不安定になる」と主張するのだが、その認識は皮相的といえよう。たしかに表層的にいえば、日本の「動き」が中国や韓国を極度に刺戟してしまうことが、東アジアの不安定さにもっとも大きな影響を与えていると考えることもできる。しかし問題をもっと根源的に考えると、逆のことがいえるのだ。つまり、日本が自国の大きさに見合った適切な「動き」をせずに不動のままでいつづけたことが、この地域において真の関係性が立ち現れてこなかった主たる理由であった、とわれわれは考えなくてはならないのではないだろうか。

なぜ日本が動かねばならないのか

今、日本が動くことのできる最大の方向性は、北朝鮮との国交正常化である。これよりも大きなプラス方向のインパクトをこの地域に与えることができるアクションは、ほかには容易に見当たらない。日本は、米国や韓国が何といおうと、北朝鮮との正常化をしなくてはならないのである。それは、日本が植民地支配の清算をいまだに朝鮮半島の南部（韓国）とだけしかしていないという非対称性を克服するためであり、そのことによって朝鮮半島全体を現在よりも安定させるためである。

多くの論者は、日本が韓国だけでなく北朝鮮と正常な国交を結ぶことこそ、朝鮮半島を不安定化させるというであろう。冷戦時代の枠組みからいえばそれはもちろん説得力のある議論であったかもしれない。しかし今や、韓国は世界有数の経済発展を遂げた国家となったのであり、これ以上日本が韓国を「支援」しなくてはならない理由はいかなる意味においても存在しない。むしろ日本が韓国にのみコミットすることは、朝鮮半島の非対称性をさらに増大させることに直結し、そのことがこの地域の歪みを大きくするだろう。

米国という存在をどう認識するか、という問題がここには密接にかかわっている。米国は自分の頭越しに日朝が関係を構築することを嫌悪している。しかしそれでは、この地域の安定のために米国はこれまで何をして来、これから何をするつもりなのであろうか。一九九四年の朝鮮半島核危機以来、米国は北朝鮮にコミットするそぶりをしてきた。しかし、実質的なことは何もしなかった、と見るのがもっとも客観的な評価であろう。特に米国は、一方で日本が拉致問題に極度にこだわることを公然と批判しながら、他方で自らが北朝鮮の核問題に何らの有効な手立てをほどこせないことを反省できなかった。ブッシュ大統領が「悪の枢軸」と呼んだ三国のなかで、結局北朝鮮だけにはなんら積極的な戦略を立てられなかったのである。日本はこのことに対して、正式に米国を批判せねばなるまい。

現在の米国にも期待は持てない。オバマ政権の疲労ぶりは明白だ。米国はこれからも、北朝鮮に対しては何もしないし、何もできないであろう。二〇一四年の春から夏にワシントンで数多くの米要人と議論をしたある日本人によれば、米国は今、北朝鮮の核とミサイルに対して驚くほど無関心になっているという。「そもそも現在の米政権はアジアを知らない」とこの日本人は断言する。中東とウクライナ問題にしか関心を向けていないし、逆にいえばロシア問題の急浮上によってアジア政策の停滞は深化した。これを strategic vacuum と規定する。

中国はどうなのか。日本で有数の中国専門家の分析によれば、現在の習近平政権には、きちんとした外交をやっている余裕などないという。劇しい権力闘争によって習近平の権力基盤は表面上強化されているように見えるが、表面下での混乱は増大している。この権力闘争の過程で、かつて北朝鮮と親しくしていた中国政権の幹部は今やすでにほぼいなくなったという。

これらのことは日本に、どのようなメッセージを投げかけているのだろうか。

メッセージは、ひとつである。つまり、「今こそ、日本が積極的に動くべきだ」というひとつなのである。

私は二〇一四年の夏に韓国の政治家、官僚、学者、ジャーナリストたちとかなり多くの対話を交わしたが、「日本が北朝鮮と正常化交渉を進めることに対してどう思うか」という私の質問に対しては、意見が完全に割れた。日韓関係に深く関わっている人たちの見解はおおむね、「それは悪くない」という反応だったが、日韓関係をあまり深く理解していない人たちは一様に「それは大いに問題だ」「韓国は当然、日本を批判する」「韓国の世論は、日本を六者協議から排除しようというものになる」などという反応を示した。朴槿恵政権は後者の立場をとる可能性が高い。

したがって当然、日本が北朝鮮と交渉をすることになれば、韓国との関係は悪化する。だが、そのことをどう解釈すべきであろうか。これまでのように、「韓国の嫌がることは極力避けて問題を起こさぬように行動することが、朝鮮半島の安定にもっとも資する」という枠組みを堅持すべきなのであろうか。それとも、その枠組みを今や取り去ってもよい時期に来ているのであろうか。

私の考えは、「この古い枠組みは果敢に取り去るべきである」というものである。日本は足かせを自らはずし、この地域の平和と安定のために自ら思考し、自らの意志で行動すべきなのだ。

このことを背後から支援する状況として、「韓国の中国への接近」という事実がある。二〇一四年に行われた日韓関係に関するさまざまなフォーラムやカンファランスにおけるメインのテーマのひとつが、慰安婦問題とともに「なぜ韓国は中国に接近するのか」であった。それらの席で韓国側は一様に、「韓国が中国に急接近しているという日本人の認識は間違いだ」「韓国は中国を警戒している」「歴史的に、韓国とヴェトナムがもっとも中国に痛い目に遭ってきた国である。それでもこの両国は中国に吸収されなかった。その記憶と経験は今の韓国も持っている。そのことを日本人はゆめゆめ忘れてはならない。韓国がそうやすやすと中国に傾斜するわけはない」というものだった。どれも精神論であって、私には少しも説得力が感じられなかった。韓国人が「われわれは中国に傾斜していない」といいたいのは、気持ちとしては充分に理解できる。しかし、それは事実とは異なる認識なのである。

事実として、韓国は中国に接近しているのだ。

大方の日本人はこの事実を「問題」と考えており、私もまたその認識をほぼ共有するのだが、ただ一点、次の論点に関しては、これを積極的に認めてもよいと考えるのである。それは、韓国が中国に接近することを、日本と北朝鮮が接近するための土台として把握するという発想である。

韓国の中国接近は、あらゆる意味からいって歴史の必然である。韓国人がいくら中国に対して怨恨的感情を持っていようが、また強い警戒心を持っていようが、どうしようもない必然の力によって、今、韓国は中国に引き寄せられている。高句麗問題などの根源的な摩擦の種を両国は抱えているとはいえ、全体的な「絵」のなかで中韓が接近していくことは避けられないことなのである。

とすれば、日本が北朝鮮と接近することに何の問題があるだろうか。東アジアにおいて冷戦はいまだ継続しているが、冷戦たけなわなりし頃の極度に硬直した構造は、すでに崩壊したのである。中韓が接近し、日朝が接近することに今や何のタブーがあるだろうか。

「センターの軸」を設定すべきだ

ただ、東アジアには「日本が動くとつねにこの地域に悪い影響を与える」「日本はこの地域に何らかの影響力を行使しようと考えうる資格すら持たない。なぜなら日本はいまだに過去を清算していないからだ」などという認識が根深く存在していることは、あきらかである。これは日本内部の左翼陣営とも共闘して、戦後期に東アジアで強固な戦陣を張った認識である。

だが、これは拙著『歴史認識を乗り越える』（講談社現代新書、二〇〇五）で主たるテーマとして論じたことなのだが、このような認識は、いったい何のために存在するのであろうか。日本という国家を永遠に「普通の国家」としては認めず、永久贖罪国家としてのみ東アジアでの存続が許されるようにするための認識なのだろうか。もっとわかりやすくいえば、日本は何のために反省し、謝罪すべきなのだろうか。ごく普通に考えれば、日本の反省と謝罪は、そのことを通して日本が東アジアにおいて責任のある「普通の国家」として自己を位置づけさせるためになされるべきものであるだろう。つまり、「反省と謝罪」と「普通の国家化」とは並列されなければならない。左翼のように「日本は永遠に反省と謝罪だけしているべきだ」だとか、右翼のように「日本は反省や謝罪なしに「普通の国家」として立ち上がるべきだ」などと考えるのは、ひとつの翼だけで飛行機を飛ばそうとするようなものであって、到底現実的な思考とはいえない。

つまり「反省と謝罪」だけでもダメであり、また「普通の国家化」だけでもダメなのだ。このふたつの翼はつねにセットになっていなくてはならない。そしてこのふたつの翼がセットとなった地点を私は、「センターの軸」と呼んでいる。「左（反省と謝罪）」だけでもなく、「右（普通の国家化）」だけでもない、その両者が交わる場所を、「センターの軸」と呼ぶわけである。これまで日本の論客たちは、サッカーのフィールドを完全に左・右に分けてしまって、「左」の陣営は左のフィールドだけで、「右」の陣営は右のフィールドだけでボールをやりとりしていた。自陣でだけパスを回しつづけて自己満足していたのである。

だが、ここに来て、日本でもようやく現実的な「センターの軸」が明確に認識されはじめてきたようである。私が先の拙著で日本における「センターの軸」の早期確定を唱えたのが二〇〇五年であった。そのときの表現では、「謝罪と貢献」の交差点が「センターの軸」であった。「貢献」というのは、日本が「普通の国家」としてその資源をつかってさまざまな分野において国際的なしかるべき役割を果たすことをいっている。考えてみれば、このような当然なことでさえことさらに語らねばならないような、戦後日本の状況だったのである。

しかし近年、私の言葉でいう「センターの軸」を明確に打ち出す論者たちの説得力が増しているように、私には思える。あまりに非現実的な「右」「左」の議論に振り回されることなく、これら「センター」の人たちの議論を中心に日本の外交が国際的に発言力を増していってほしいと私は切に願っている。

ほかの国であればごくごく当然であるような「センターの軸」をわざわざ設定しなくてはならないほど、日本の議論は「右」と「左」に分かれすぎている。そしてその幻想的な「右」「左」の「物語」のなかにどっぷりと浸かって、自己慰撫の言説に酔いしれている。

われわれはこのような非生産的な怠惰からいち早く抜け出し、「真ん中への道」を果敢に歩まなくてはならないのである。

それでは、「センターの軸」は具体的に何をするのであろうか。「謝罪と貢献が真ん中の軸である」という考えを提示した二〇〇五年の時点で私が構想していたのは、日韓関係がこの軸の構築における主要な役割をすべきだというものだった。日本と韓国は東アジアにおいて、資本主義と民主主義という「体制」を共有している。このことが、ポストコロニアルな秩序の生産的構築においてもっとも重要な財産であり土台であると私は考えた。まずは日韓関係において「センターの軸」を構築するために、日本は韓国に「反省」の意を示し、その信頼を土台にして新しい東アジア、新しい世界の構築に向けて積極的に「貢献」すべきである、というのが私の構想であった。

「日韓モデル」とは何か

しかしいま、二〇〇五年から十年経った時点で再考してみると、この「日韓モデル」は不可能になりつつあるのかもしれない。いや、むしろ失敗に瀕しているというべきだろうか。状況はかなり悲観的になってきている。

もしそうだとすると、そのことはいったい何を意味するのだろうか。

われわれはひとつの選択肢として、「日韓モデル」を果敢に総括し、まったく別の思想による新しいモデルを北朝鮮相手に構築するということを視野に入れてもよい、ということを意味しているように、私には思える。つまり「日韓モデル」において失敗した部分を真摯に認識し、それを踏まえて新たな「日朝モデル」をつくるのである。

このことの意味をじっくり考えるために、われわれはまず、「日韓モデル」とは何だったのかについて振り返ってみよう。

「日韓モデル」とは、次のことを指している。

国交正常化の時点（一九六五年）では、まずは両国が関係を構築することに意味があると両国首脳は考えたのであって、その第一目標のためには、加害者である日本側の歴史に対する反省は、置き去りにされた。このことに韓国の世論は不満をつのらせ、韓日会談反対のデモが激甚に繰り広げられたわけだ。しかしそれらの不満や反対を戒厳令で抑えつけ、朴正熙政権は日韓国交正常化を成し遂げた。このときの日韓基本条約および請求権協定は、植民地支配の清算を謝罪と賠償ではなく、「経済協力」というかたちで決着をつけるという、ある意味で賢いやり方であった。この日韓国交正常化によって韓国がその後経済発展したのはあきらかであるし、朴正熙政権としては交渉に成功したといえるのである。

だがこれは「安保と経済」という枠組みによる「妥協」であったという見方が、最初から根強くあった。冷戦期において、共産主義勢力による軍事的脅威と、北朝鮮に対する韓国の経済的劣勢を克服するために、歴史問題を捨象したかたちで日韓は関係を構築してきた、という考えだ。日本よりもちろん韓国において、そのような見方は強かった。

ここからが「日韓モデル」のユニークな側面なのだが、このモデルにおいては、支配された側である韓国を資本主義的経済発展という「体制の強化」プログラムに組み込み、国家を経済的に強化するということが最優先とされたが、だからといって過去の清算に関して支配者だった側がきわめて消極的だったとか、傲慢にそれを封じ込めたというわけではなかった、ということである。日本から韓国への謝罪の言葉が、一九九〇年代の「反省の季節」に集中しているからといって、一九六五年以降の五十年間の基調が全面的に謝罪と反省でなかったということはできない。基本的に、日本は韓国に対してかなり（充分とはいえないが）誠実に、過去の清算に向けて努力してきたのである。慰安婦問題以外にも、原爆被害者、サハリン在住コリアン、在日コリアンなどの問題は日本政府が誠意をもって取り組んできたものである。

しかしその努力は、日本側の「過去を清算する」という大胆で強靭な意志によって一貫して主導されたわけではなかった。そこが自民党的な中途半端さをよく露呈している。そのことが、歴史問題に対するともすると「弥縫的」とも見える対処のしかたに直結してしまっている。日本に誠意がなかったわけではない。むしろ「素朴」ともいえる誠意の表出があった。それは慰安婦問題に関する宮澤喜一首相の謝罪（一九九二年）や、河野談話（一九九三年）だけではない。村山談話（一九九五年）や菅談話（二〇一〇年）だけでもない。歴代の首相が韓国人に向けて発した「素朴」な反省の言葉は、むしろ政治性や戦術性すら帯びないかのようにも聞こえるほど「素朴」なものである。しかし「素朴」であるがゆえに、それは相手に充分に伝わるものではなかったともいえる。

逆に多くの日本人の「素朴」な心情にしたがえば、「充分に誠意を示した日本に対して、韓国は何も評価しないばかりか、あたかも日本が誠意ある態度を示したことなど一度もなかったかのように世界に向けて喧伝している。これはどう考えてみても許容できる範囲を逸脱している。けしからんではないか」という結果をもたらしてしまっている。日本人の心を極度に硬直化させてしまったのだ。そして韓国ではあいかわらず、日本の誠意に対してはほとんど評価しないどころか関心すら持たない、という状況が続いている。おまけに朴槿恵大統領は二〇一三年三月に、「加害者と被害者という歴史的立場は、千年の歴史が流れても変わらない」と明言するにいたった。この言葉を聞いて、「これでは何をやってもまったく無駄ではないか」と多くの日本人が思ったことが、罪あるいは間違った認識だといえるだろうか?

これは、やはり「日韓モデル」が失敗に瀕しているということを意味しているのではないだろうか。

「日韓モデル」の本質を整理するなら、次のようになる。

かつて植民地支配をした国と支配された側(独立後に主権国家となっている)とが、支配が終わった後に和解を成立させるプロセスとして、次のような取り組みをする。
◇まずは経済や安全保障などの現実的な問題解決のために国交関係を結ぶ。
◇このときに、歴史問題で事後に摩擦を引き起こさぬよう、個々のイシュー別にではなく、包括的に「すべて最終的に解決した」という文言を盛り込む。
◇支配した側は支配された側に、多額の「経済協力金」を支払う。
◇歴史問題の個々のイシューについては、被支配国側の国内問題として個人補償などを行う。その原資として右記の経済協力金が充てられる。
◇右のような大枠を定めたのち、個々のイシューが出てきたときにはその都度誠実に対応するが、賠償や個人補償に関しては、「国交正常化時点での請求権協定によってすべて解決済み」という相互の了解のもとに、新たな措置はしない。
◇しかしそのことが、相手からの要求をはねつけることを意味しない。歴代の政権はできるだけ誠意をもって個々のイシューに取り組みつづける。
これが「日韓モデル」の枠組みである。このモデルを不当に過小評価することは間違いだ。日韓はこの枠組みによって、理解と信頼を築いてきたし、韓国は飛躍的な発展をすることができた。だが、韓国の発展によってこの「日韓モデル」がより輝かしいものになるだろうという期待は見事に覆され、逆に韓国はこの枠組み自体の無効性と不当性を主張することとなったのである。

「日韓モデル」から「日朝モデル」へ？

「日韓モデル」を「失敗作」だとして捨て去るのではなく、そのうまく機能しなかった部分を反省しつつ、より新しいモデルを構築することは可能だろう。一九六五年という時代的制約（冷戦のまっただ中）は現在のわれわれにはない。また、学問の世界ではポストコロニアリズム、市民運動のレベルではさまざまな裁判や公的な協議の蓄積が、この数十年のあいだに共有されてきた。率直にいえば一九六五年という時点においては、ポストコロニアリズムという概念すらなかったし、旧宗主国と被支配地域とのあいだで対等な関係を構築するという試みすら、日韓以外の世界中どこにおいても、想像できなかったことなのである。

われわれはこの五十年の蓄積を充分に踏まえた上で、新しい「日朝モデル」を構築することができるだろう。それは、大雑把にいえば次のようなものになるにちがいない。

◇安全保障や経済の問題とともに、歴史問題にも正面から取り組む。

◇歴史問題は、これまでに議論され実践されたことを充分に踏まえて、相互に納得のいく接点を尊重し、包括的に解決する。

◇いちど決定された合意に関しては、相互の信頼にもとづき最大限に尊重する。

日朝間にはすでに、二〇〇二年の平壌宣言があるので、その枠組みを大きく越えることは現実的にできない。したがって国交正常化時に日本から北朝鮮に、経済協力金ではなく賠償金が支払われる、ということはありえない。

だが、一九六五年とは違って、この経済協力金には、歴史の総括という大きな意味がこめられることを、双方は充分に認識すべきである。経済協力金の額は一兆円ていどになると推測されているが、北朝鮮にとって大きな額であると考えられる。歴史の総括に関していろいろなことができる額なのである。

日朝間では、相互の信頼と信義にもとづいて、この枠組みを尊重する。「日朝モデル」と「日韓モデル」の最大の相違は、歴史の清算という要素を最初から全面的に取り入れるという点である。そのことによって、この「日朝モデル」は、ポストコロニアリズムという世界認識の枠組みが浮上してから世界ではじめて、旧宗主国と被支配側の双方が生産的な未来を築いていくための重要な和解のプロセスとして世界から注目されるだろう。

この「日朝モデル」が実践されれば、「日韓モデル」は意味のないものになってしまうのであろうか。そんなことはありえない。何といっても植民地支配の清算と和解と互いの発展のための努力は、日韓のあいだでまず営々となされてきたのである。この経験と成果を無にするということは、ありえない選択である。

「日朝モデル」が推進されることに対しては、韓国の激烈な反発が予想される。しかし韓国はなぜ反発するのであろうか。「日韓モデル」が韓国の発展に不可欠であったという認識（これは韓国人ができるだけ意識の正面に置きたくない認識である）を内面においてはしっかりと持っているからではないのか。日本と北朝鮮が過去を清算し、安全保障や経済に関する包括的な取り決めをし、多額の経済協力金が支払われ、それだけでなく日本の技術や資本も北朝鮮に大量に流れ込む。このことに韓国人が反発する理由は多様でありうるが、そのメインの部分は、日本との緊密な関係構築によって北朝鮮が発展し、韓国にとって侮れない存在にまで大きくなることへの恐怖心であろう。もしそうであれば、「日朝モデル」の雛形である「日韓モデル」が韓国の発展に与えたプラスの影響を、韓国人が無視しつづけるというのは、端的にいって論理的な矛盾なのである。

「日朝モデル」に対しては、日本の側からも反発と憂慮が強く表明されるだろう。そのなかでももっとも強力なものは、「右」側陣営によるおそらく次のような議論であろう。

「日韓モデル」において、日本は韓国に、経済協力金、ＯＤＡ、借款、技術協力など、ほぼ全面的に惜しみなく協力してきた。浦項製鉄（ＰＯＳＣＯ）やサムスンなどは、日本がなければつくることができなかった企業である。そして韓国は輝かしく経済発展した。ところが韓国は日本に感謝するどころか、世界中に向けて「日本ほど不道徳な国はない」と叫びつづけている。もうここまで来ると、朝鮮民族の民族性自体に対して不信感を抱かざるをえない。それにもかかわらず日本は、日韓での失敗を、今度また日朝でやろうとするのか。韓国より北朝鮮のほうが信じられるという根拠はどこにあるのか。北朝鮮は他国の人間を白昼堂々と拉致するような国家である。北朝鮮に道徳はない。もし「日朝モデル」とやらで北朝鮮に大量の資金と技術を投入しても、北朝鮮の国民には一切届かずに、独裁者が私腹を肥やすだけであろう。だがもし万が一北朝鮮が画期的な変身を遂げ、日本とともに経済建設に邁進し、発展を遂げるようになったらなったで、日本にとってよくない結果をもたらすだけであろう。朝鮮民族の性格からいって、「発展した北朝鮮」は日本に感謝するどころか、やはり「発展した韓国」と同じように日本を糾弾するであろう。しかもそのときには南北朝鮮あわせて八千万近い人口の経済発展した国家が分断されて対峙しているか、あるいは統一後にはひとつの国家が日本に対峙するわけである。それは危険千万なことだ。朝鮮半島の国家はいずれにせよ、日本との和解のモデルなどというものは忘れ去ってしまい、今度こそ日本と朝鮮半島は決定的な関係の破綻を迎えるだろう。だから朝鮮半島とは一切つきあわないほうがいいのだ。

これはまったく現実性のないシナリオではない。特に日本側が朝鮮半島の国家に対して「感謝せよ」とか「恩を仇で返すな」などという認識で対しているかぎり、このシナリオは現実性を持つのである。ということは逆に、日本と朝鮮半島が真に対等な関係になることができるのか、ということをこの「日朝モデル」は問うている、ということなのである。

第八章

チュチェ（主体）はどこに行く？

二〇一五年一月

『ディア・ピョンヤン』の「家族」

ヤン・ヨンヒ監督のドキュメンタリー映画『ディア・ピョンヤン』(二〇〇五)を大学の学生たちと見たことがある。この映画は、かつて朝鮮総連の幹部として活躍し、今は年老いて病身となったアボジ(父親)の姿を中心に、オモニ(母親)と娘(ヤン・ヨンヒ自身)の日常を描きながら、かつて北朝鮮に渡ったヨンヒの兄の家族に会うために、一家が平壌を旅する場面が描かれている。

京都大学のゼミで学生たちと一緒にこの映画を見たのだが、学生たちの感想は、次のようなものだった。「息子たちを北朝鮮に送り、家族というもっとも大切な絆がずたずたになってしまった。北朝鮮という体制はそのように理不尽なのだが、それでもヤン・ヨンヒは家族の大切さ、家族への愛情というものを最後まで捨てない。そこに希望があるのではないか」。

いかにも平成時代の優等生的な感想である。そして私はこのような感想を聞きながら、劇しい違和感を抱いた。「そんな認識で、どうして北朝鮮のことがわかると頭から思い込んでいるのだろうか」。

まずこの映画の演出に対して、怪しい感じを持った。この家族はあたかも愛情にあふれているかのように演出されているが、ほんとうにそうなのだろうか。実際はわからない。もしかすると実際は、正月と夏休みにしか互いに会わない家族なのかもしれない。

もちろんそのことがいけないのではない。家族の正しいあり方を私は要求しているわけではまったくない。逆である。もしかして会っていないかもしれないのに、つねに会っているかのように演出されるところに、この映画の強烈な政治性が宿っているのである。

画面にはヤン・ヨンヒの足が映っている。充分に大人になった娘が父親の前に足を投げ出して寝転ぶような体勢をとるというのは、朝鮮の伝統からいえばありえないことだ。絶対にありえない、といってもよい。これは朝鮮の娘が父親の前でする仕草というよりは、むしろ大阪の下町の日本人の仕草である。

もちろんその仕草がいけないのではない。父親の前での娘の正しい仕草を私は要求しているわけではまったくない。逆である。画面に現われているのが朝鮮ではまったくないのに、それが朝鮮であるかのように演出されるところに、この映画の政治性が宿っているのである。

この映画は、大学生たちが未熟かつ正しい感想を与えるような、わかりやすいものではない。おまけにこの映画には、ヤン・ヨンヒがこの映画の後に北朝鮮から入国を拒否されるという事態までが付随する。いかにも日本の知識人が好みそうな展開である。

日本の良心的な知識人の典型的な認識が、本能的に好みそうな映画なのである。

彼らは、在日コリアンの女性が、がんばってもがくけれども結局、挫折して「大きなもの」に包摂されてしまう姿を好む。かつて作家・李良枝《イヤンジ》もそうして日本の知識人にかわいがられながら、消えていったではないか。

ここには根源的な「いやらしさ」がある。私たちは、このような「在日の不遇な女性作家」を体質的に愛する日本人男性がたくさん存在するということを知っている。ヤン・ヨンヒがそのような「良心的な日本の男たち」に迎合しているから「いやらしさ」を感ずるのか、それともヤン・ヨンヒは一切迎合などしていないのに、「良心的な日本の男たち」が勝手に自分たちの思い通りにヤン・ヨンヒの映画を解釈しようとしているから「いやらしさ」を感ずるのか。そしてヤンはヤンでそのことに抗ってはいるのか。

知らぬ。

しかし、われわれはこの映画を、別の角度から見なくてはならないだろう。

この映画を、日本の「良心的な知識人（男）」にかわいがられることを拒絶しながら見るとするなら、どうすればよいのか。そもそもそのようなことが可能なのか。

家族はない

もちろんこの映画のテーマは、「家族」である。

だが北朝鮮の「家族」とは、日本の家族と同じものなのだろうか。

そもそも、日本の家族観をそのまま北朝鮮に当てはめて、それが正しいとか間違っている、悲しいとか嬉しい、ということが可能なのか。

それは無理であろう。

北朝鮮には、そもそも日本人が思い描くような「家族」というようなものは、存在しないからである。

『ディア・ピョンヤン』では、父と母と娘のあいだに、無媒介な情愛が存在するように描かれている。もしそのことがほんとうであるなら、これは北朝鮮の家族ではなく、日本の（戦後日本の）家族そのものである。だがもしそのことが虚偽あるいは受け手の誤解なのだとしたら、ここに描かれているのは、「あたかも家族の形態をしているように見えながら、実は戦後の日本人が家族と考えるようなものとは似ても似つかぬ、ある種の不可思議な共同体」なのである。

どちらの可能性が高いのか。

娘が父と母に対する態度は、あきらかに戦後日本人的である。北朝鮮的ではない。それを「北朝鮮的」と解釈することは勝手だが、それは端的に誤解にすぎない。

「戦後日本人的」というのは、娘と父と母のあいだに、何らの理念的な媒介が存在していないということである（だが正確にいえば後述するように、完全な無媒介ではなく実はアメリカが媒介しているのだが）。その意味で、ここには緊張がない。齟齬はあっても、それは理念的齟齬ではなく、単なる感情的齟齬である。

だが北朝鮮の家族というものは、そういうものではない。家族の構成員はすべて、「革命道徳」という名の媒介物によって隔てられている。家族の構成員は情愛によって無媒介に結びつけられているのではなく、「全体」から放射される「革命道徳」の力によって媒介されているのである。

このことは北朝鮮の家族に情愛がないということを意味しているのではない。北朝鮮の家族は、表面的には日本の家族以上に情愛にあふれており、緊密な関係のもとに密着して生きている。しかし、そこに可視化されていない普遍的な媒介物が存在していることを、見逃してはならない。

つまり、北朝鮮にはそもそも、戦後の日本人が考えるような「家族の絆」というものはないのである。なぜなら北朝鮮では革命を遂行するうえにおいて、伝統的な儒教的宗族を破壊し、核家族が直接金日成と革命道徳という媒介によって結びつく、という統治理念を実現させたからである。

そもそも朝鮮王朝では、儒教的な血族共同体である宗族が、一方で王朝システムを下支えしながら、他方でそれと競合した。十九世紀にいたって朝鮮王朝は極度に硬直化し腐敗していくのだが、この一因は、安東金《アンドンキム》氏や驪興閔《ヨフンミン》氏といった王の外戚集団が権力闘争を繰り広げて実権を握ったことにある。王権は王の宗族集団である全州李氏ではなく、他者である別の宗族集団に操られたのである。これが朝鮮王朝の統治の実態であった。

北朝鮮は、このことの弊害を熟知していた。そして儒教的な宗族集団を破壊する。これは中国が共産主義革命で行ったことと同じである。巨大な宗族集団をばらばらにして、その断片化した個を直接、権力の中央と結びつける。このようにして権力の絶対化をはかった。しかしその際、個を完全にアトム化してしまうと統治が不可能になるので、核家族という中間的形態を強固に保存するのである。儒教的な宗族体制から一気に西洋近代的なアトム的個に移行することは許されず、擬似儒教的な核家族を「家族」という名で呼ぶことによって、人民に強く残存する儒教的メンタリティを活用しているのである。北朝鮮の人びとは自分の本貫（宗族集団の始祖の出身地）も知らず、血族のネットワークとしての宗族は崩壊している。しかし、彼らは個にまで分解されているのではなく、擬似儒教的な核家族を「家族」と認識している。

この家族はしかし、儒教的なものでもないし、戦後日本の家族のように構成員がなんらかの統治イデオロギーによって強固に結びつけられていない集団でもない。この家族の構成員ひとりひとりは、革命道徳によって武装し、「チュチェ（主体）」化している。立派に革命道徳の体現者となった「チュチェ（主体）」は、反革命的な言動をとる者は自分の親兄弟でも容赦せず、当局に密告する。

このようにして北朝鮮の家族は、「家族」という名をもってはいるが、革命的義理によって関係を規定しなおされた新たな集団である。それはあたかもキリスト教において、父母に与えられた肉の生命より、神によって与えられた霊としての生命を「永遠の生命」として重要視することと同じである。神によって永遠のいのちを与えられたキリスト者たちは、世俗の家族とは断絶した新たな「家族」として神のもとに生まれ変わる。また一九三〇年代の日本のように、ひとつひとつの「家」は職業という個別性によって個性を保ちながら、その「家業」を通じて全体である国体に統合され、この国体によって与えられた「歴史的生命」を生きる、という統治イデオロギーとも似ている。

いずれにせよ北朝鮮の「家族」は、戦後の日本人がふつうにイメージするような集団ではない。ヤン・ヨンヒはそのことを知悉しながら自分の家族を描いた。そしてそれが、ふつうの日本人の受け手の心に届いた。そこには送り手と受け手の大きな誤解が生じているのだが、その得体の知れない不可解さが、この映画の魅力の源泉となっているのだろう。

「ずたずた」な家族の意味

「息子たちを北朝鮮に送り、家族というもっとも大切な絆がずたずたになってしまった」と学生は感想を語った。しかし、それはいかなる意味なのか。

日本という「家族の場所」から、独裁者の国である北朝鮮に息子を送った。それ以後、自由な行き来は閉ざされ、息子は人質として平壌で囚われの身となってしまった。それゆえに「家族というもっとも大切な絆」がずたずたになってしまったのか。

そう考えるのは間違っている。この家族は、もともと「ずたずたに」なっていたのである。学生が思い浮かべるような家族は、あらかじめそこにはなかったのだ。あたかもそれがあったかのようにヤン・ヨンヒが描いたとしても、それは表面的なことにすぎない。朝鮮民主主義人民共和国という国家を選び、革命道徳を身につけてしまったからには、それまでの儒教的な家族を「ずたずたに」しなければならないのである。

そしてそのことは、不幸なことではないのだ。日本の学生が「ずたずた」という言葉で表現するものは、「不幸」である。しかし、それは戦後日本の価値観から見たうえでの評価であって、向こう側から同じものを見れば、それは「不幸」ではない。そしてなぜ北朝鮮の家族が革命的義理によって結ばれた紐帯となったのかという究極的な理由には、「日本帝国主義を打倒するため」という目的がある。日本帝国主義を打倒するために金日成は闘ったのであり、日本帝国主義を打倒するために革命を行ったのである。したがって、北朝鮮の家族が「ずたずた」になっている根本のところには、日本がある。この「家族」は、「日本」に依存しているのである。

なぜヤン・ヨンヒのアボジは、三人の息子を北朝鮮に送っておきながら、何の屈託もなく笑っているのか。

このアボジの心が悲しいか、悲しくないか、が問題なのではない。三人の息子を送り出してしまったのだから、悲しくないわけはないのである。問題は、その悲しみが政治的に昇華されてしまっていることである。

その昇華とは、革命的な行為である。チュチェ（主体）であるからには、この「悲しみの昇華」こそ、立派な行為である。

「北朝鮮は独裁国家であるにもかかわらず、ヤン・ヨンヒの家族の愛情はその体制の暴力的桎梏を乗り越えて人間的に機能している」というのであろうか。

そうではない。「北朝鮮は独裁国家であるからこそ、革命的家族の愛情がその体制を熱烈に支えている」と考えるべきだ。この「熱烈」を、虚偽だというだろうか。平壌のホテルでアボジがみんなの前で「熱烈」に踊るのは、「顔で笑って心で泣いて」という二重性を表しているというのだろうか。それは「虚偽の熱烈」なのであって、その裏側には体制イデオロギーと敵対する「人間の感情」があるというのだろうか。

そうではない。アボジは心から「熱烈」に踊っているのである。そのことと、自分の息子が「人質」として取られていることの悲しさは、何ら矛盾しないのである。なぜなら、それが革命だからである。あらゆる矛盾した項を一気に全体化し、弁証法的にチュチェ（主体）化するのが、革命道徳の真髄なのだ。

チュチェ（主体）思想と「自主」

このことを理解するためには、やはりチュチェ（主体）思想とは何なのか、ということを知っておくべきだろう。

北朝鮮に関しては「謎」ともいいうる多様な不可解さが複雑に纏綿しているが、思想面においてこれを見るならば、チュチェ（主体）思想という特殊な思想体系に対する関心に収斂されるのではないかと思われる。

そもそもチュチェ（主体）思想は、一九五〇年代、中ソの対立の狭間において北朝鮮が独自の路線を切り開こうとした際に、「主体性」を確立するということが金日成によって一九五五年に主張されたことから始まり、一九六〇年代に入って思想的な内容の整備が開始されたのを始原とする。

その後のチュチェ（主体）思想は、思想的深化の過程の各段階において多様な断層が存在するものの、これを最も圧縮したかたちで表現するならば、「人間があらゆるものの主人であり、すべてを決定する」という、一九八二年に金正日の名で発表された著名なテーゼとなるであろう。人間にとって、自主性、創造性、意識性の三つが最も重要だとする。

その根幹は、「自主性の尊重」である。

自主的権利は、社会的存在である人間の第一生命であります。人間に自主的権利がなければ、自主的で創造的な生活は考えられません。人間は自主的権利を得てこそ、社会における主人の地位を占め、主人としての役割を果たし、人間らしく生きていくことができます。

（金日成「全社会のチュチェ思想化をめざす人民政権の任務」『全社会のチュチェ思想化』チュチェ思想国際研究所、一九八二）

後で見るようにチュチェ（主体）思想は、金日成綜合大学総長などを務めた黄長燁《ファンジャンヨプ》（一九二三～二〇一〇）によって哲学化された。黄長燁によるチュチェ（思想）の哲学化はかなり高度な内容（それが創造的なものであるか、あるいは陳腐なものであるかは議論の余地がある）を盛り込まれたものである。この国家が単に無節操で残忍かつ無思想な独裁体制のもとに運営されているわけではないことは、理解できる。

だが、なぜ北朝鮮の全国民がチュチェ（主体）化しなくてはならなかったのか。それはおそらく、さして哲学的な理由ではなかった。むしろもっと現実的・政治的な理由からであったろう。

それこそが、「自主」という概念なのである。

> チュチェ思想を確立するうえで主な隘路の一つは、事大主義思想であります。事大主義は、わが国で久しい前から伝わってきた古い思想です。事大主義者は、自分のものは何でも悪く、自分にはよいものは何もないといい、ひとのものは何でもよいといいます。このように、かれらは自分のものにたいして虚無主義的に接しています。／いうまでもなく、人のものにはよいものもあり悪いものもあるだけに、よいものを学びとることもできます。われわれが事大主義に反対するからといって、排外主義に走ろうとするものではありません。

（「日本の政治理論雑誌『世界』編集長との談話（抜粋）一九七二年十月六日」『キム・イルソン　わ

が革命におけるチュチェについて2』チョソン・ピョンヤン　外国文出版社、一九七五、四五五頁）

北朝鮮の生存原理は、むしろ黄長燁による哲学的な理論化を経る前の、もっと素朴な段階のもののほうが魅力的であるかもしれない。下手に哲学化してしまうと、チュチェ（主体）思想は同語反復と矛盾に点綴された無味乾燥の言説になってしまう。むしろ右の金日成の言葉のほうが、この国の哲学をより直截に表現している。自主、自主、自主。これこそが、朝鮮民族の永年の病弊を克服する唯一無二の道なのである。

たとえばそれは、もっとわかりやすい一般人民へのメッセージとしては、次のような類いのものである。南朝鮮（韓国）の女たちは次のような会話に明け暮れている、という描写である。


「あんたの鼻はいくらかかったの？」

「ええと、五十万ウォン。あんたの目は？」

「八十万ウォンものよ、きれいでしょ」

「私は百万ウォンかけて目を手術したのにまだアメリカの女のみたくならないのよ」

「それくらいならいい線いってるわ。どうせなら百万ウォンの鼻をつくったらどうなの？」

ほんとうに、金《かね》を使っても使ってもまだ足りず、てんかん病にかかったかのようなアマの奴らだからこそ、こういうマネができるのだ。

札束をばらまきながら「人造アメリカ人」になろうとしてこのような整形手術騒ぎまで繰り広げている南朝鮮こそ、米帝の完全な植民地にさらに転落しているのである。

（『あべこべの世界――資本主義社会のあれこれ』クムソン青年出版社、一九九〇、一一頁）

これは「数億万ウォンの金を抱きしめながらいかに使えばよいのかわからずもだえ苦しむ南朝鮮の特権階層たち」が、「人造アメリカ人」になろうとして狂ったように高額の整形手術をしまくっている事実を描いた、北朝鮮の読み物である。ここに描かれているのは、嘘ではない。北朝鮮は嘘をでっちあげて韓国を侮蔑しているのではない。ほんとうのことを描きながら、韓国人がいかに自主性のない、従属的・事大主義的な精神の持ち主であるかを非難している。

従属は、ある国家（米帝）へのものだけではない。もっとも深刻な従属、つまりチュチェ（主体）への全面的な挑戦は、資本主義社会における「金《かね》による支配」への服従である。

次の描写はアメリカの臓器売買に関するもの。

ある青年が、自分の腎臓を二万ドルで売ったあと、病院のベッドから友人に送った手紙の一節である。

「友よ、私は逝く。私のたったひとつの財産である腎臓を資本家に売ってしまったせいで、私はまもなく、死ぬのです。しかし私はそのお金で、ぼろを着て飢え苦しむ家族を少しのあいだでも養うことができると思うと、思い残すことはありません。お金が人を殺すアメリカ社会、この呆れかえった世の中は、いつ終わりを迎えるのか……」

これは黄金万能のアメリカ社会の一端を垣間見せている。

今、アメリカでは自分の体内の器官を売って暮らしを立てていこうという人びとの数が増えている。資料によれば、腎臓を売るために登録した人が約一万人にもなるという。これにともない、人の臓器を売買するマーケットと商社をつくらなくてはならないという声まで、資本家たちの口から飛び出している。

金だけが人を酷使することも、殺すことも、生かすこともできる黄金万能のアメリカ社会。人間よりも金を敬う病んだアメリカこそ、人が生きることもできない「人間生地獄」である。

（同右、一〇頁）

一九九〇年の文章である。その後の二十数年で、アメリカ社会はここで指摘されているとおりの方向性（臓器を売買する社会）にさらに向かっている。その意味で北朝鮮の批判は正しかった。おそらくチュチェ（主体）思想とは、むずかしい哲学理論であるよりは、右のような「反自主性」を攻撃し、自国の生をすべて自主的につくりあげようという一点において人民たちに理解されている世界観なのであろう。朝鮮籍の在日の人たちと話していると、チュチェ（主体）思想のむずかしい理論に魅力を感じているというよりは、やはり「自主」のひとことをどのように完全に理解できるか、という一点を精神的に守ろうとしているように感じる。それは、沖縄やアイヌの人びとがチュチェ（主体）思想の研究会に熱心に参加する理由でもある。

「ずたずた」な家族を媒介しているものは何か

だが、ここに問題がある。たしかにアメリカや南朝鮮（韓国）や日本の非主体性を批判する論法は魅力的なのだが、このような人民大衆レベル程度の「自主」の概念では、容易にそれが独裁者の個人崇拝に結びついてしまうことを、どう考えるのか。つまり、西洋のような個人の自立性の伝統を持たない北朝鮮で突然、自主性を強調しても、それを受け入れるだけの個の強さが育っていないので、何らかの超越性が要求されてしまうのだ。

この矛盾こそが、映画『ディア・ピョンヤン』におけるアボジの不可解さそのものなのである。

人びとは自主性を重んじるチュチェ（主体）であるはずだ。すべからくチュチェ（主体）でなくてはならない。しかし歴史的に見て、この国の人間は民主主義や自由に一度も慣れ親しむ期間を持たないまま、儒教的な朝鮮王朝および日本による植民地統治のすぐ後に、「自主の社会」に突入してしまった。チュチェ（主体）を実現させるための哲学的土台がないのだ。

その「無の土台」の上に、チュチェ（主体）を構築するとどうなるのか。これと似たようなものを、かつて日本がした。一九三〇年代の国体思想である。『國體の本義』（一九三七）において、日本では家業を基体とした家族の一員である個人が、その多様性を保持したまま、天皇という無限の包摂性によって「歴史的生命」という主体性を与えられていると説明された。「歴史的生命」によって日本人は、個人を超えて歴史における主体として生きることができる。ここで前提となっているのは個人と天皇を媒介する家族である。つまり、この家族はあらかじめ「ずたずた」になっている。肉体的生命の絆としての家族は、スピリチュアルな天皇という絶対性によって、浸潤されている。家族の個々の成員は、自然の状態のまま相互の関係を維持しているのではなく、その関係そのものが、天皇というスピリチュアリティの介在によって隔てられている。知覧に展示されてある若き特攻隊員たちの遺書に綴られた、母親に対する感謝の言葉たちも、肉体的生命とスピリチュアルな歴史的生命が弁証法的にぶつかりあった魂の叫びである。

ヤン・ヨンヒの家族も北朝鮮の家族も、似たような状態にある。家族の個々の成員は、肉体的生命だけで結びついているのではない。首領様に与えられた革命的な社会政治的生命によって媒介されている。その意味でいつもすでに「ずたずた」なのである。平成時代の日本人には理解できない、「ずたずた」の哲学的意味がここにある。

だが、一九三〇年代日本と北朝鮮の家族には決定的な違いがある。ひとつは、その構成員の主体性が、まがりなりにもいちど自由や民主主義の洗礼を受けた後のものであるか（日本の一九三〇年代はそうであった）、自由や民主主義の洗礼をほとんど受けていないものであるか（北朝鮮の家族はそうである）、の違いである。この違いは無論大きい。

しかしもうひとつの違いは、次の点にある。『國體の本義』においては、家族が天皇と結びつくために、「家業」というもうひとつの媒介があるのだと説明されている。つまり家族は天皇と直接結びついているのではなく、職業という媒介を通して結びついている。家族の個々の構成員の〈あいだ〉には、天皇という絶対的なスピリチュアリティだけでなく、職業という歴史的かつ具体的ないとなみが介在しているのである。家族の個々の構成員を媒介するものは、第一次的には職業であり、それによって媒介された「家業共同体」としての家族どうしが天皇によって媒介されるという構造になっている。

とすると、家の職業と天皇とが価値的に背馳した場合、個々の主体はどのように振る舞えばよいのだろうか。このような思想的難問が生じる余地が、一九三〇年代日本の国体思想にはあった。だが、その疑問には誰も応答しないまま、大日本帝国は壊滅し、戦後の日本人はすべてを忘却して新しい家族づくり、新しい主体づくりに邁進した。それは基本的にアングロサクソン型の核家族をモデルにしていたから、家族と主体と超越性の問題自体が、戦後の日本では忘却されてしまったのである（しかしこのことをもって、戦後日本の家族が無媒介に結びついていると考えることは実はできない。アメリカ的価値が、家族の構成員を媒介していると見たほうがよいだろう）。

北朝鮮が目指したものは、日本とは違った。そもそも個人と家族を媒介するのはチュチェ（主体）思想の理論上は首領様だけだったから、そこに家業というもうひとつの媒介が入り込む余地は皆無だった。だが、決定的に重要なのは、先に述べたように、北朝鮮の革命的家族を強固に結びつけているのは、実は日本なのだという事実である。北朝鮮の個人と家族は、抗日闘争という始原の一点にすべて帰属しているのであり、その闘争は現に今も続いている。北朝鮮においては、首領様が肯定的な媒介として、日本が否定的な媒介として、チュチェ（主体）を構築しているのである。

ヤン・ヨンヒの在日家族において、この否定的媒介である日本が肯定的媒介に変質する余地はあった。しかしアボジはその道を採らなかった。その道を採らないという魂の叫びが、平壌のホテルでの「熱烈な」踊りだったのである。

チュチェ（主体）思想の到達点

さて、北朝鮮における主体と家族と超越性の関係構築の実験は、日本が戦後それをいち早く放棄してしまったのとは異なり、ずっと続けられることになる。先に述べた黄長燁がその担い手であった。彼の哲学的営為を若干振り返っておくことも、日本人が忘却した問いをあらためて考えてみる上で、意味のあることだと思われる。

一九六六年が、大きな転回点であった。

というのは、黄長燁の述懐によれば、この時（一九六六年）、彼は「階級の利益のみに奉仕する思想」を捨て、「全人類、全社会に奉仕する思想」を編み出したのだ。個人の生命は有限だが人類の生命は無限だと考えた。

『金正日への宣戦布告　黄長燁回顧録』（文藝春秋、一九九九）によれば、青年期にすでに、黄長燁はマルクス主義の限界を理解していた。

「わたしはそのころ、マルクス主義哲学は、人生観の問題、とくに人間の生の目的と幸福の本質にかんする問題が粗忽に扱われていることを痛感していた」（二〇九頁）と彼はいっている。

そして、マルクスより人間存在を重視したフォイエルバッハのほうが優れていると考えた。

周知のごとくフォイエルバッハはヘーゲルおよびキリスト教を批判し、それらはそれぞれ絶対精神および神という名のもとに人間を疎外する思想であるとした。

このフォイエルバッハを媒介にして考えると、黄長燁の思想およびチュチェ（主体）思想の性格が、あらわになってくる。

フォイエルバッハは、「人間が自己を外化（疎外）したものが神」であるとして宗教批判を展開し、〈類＝神〉から〈類＝人間〉への転回を企図した。人間が自己を外化・対象化して神とする。この宗教化を批判したわけだ。

黄長燁もまた、同じことをした。つまり人間の自己外化の対象としての神をもういちど人間に戻すことを目指した、と黄長燁は自分でいっている。

しかし、北朝鮮において「類」を「人間」としてのみ把えることは、歴史的・政治的経緯から許されることではなかった。「民族」と「統治者」をどうするか、という問題があるためである。つまり北朝鮮においては、①「類＝人間」（全能なる人間）②「類＝民族」（全能なる民族）そして③「類＝首領」（全能なる首領）という三つの「類」が渾然一体となっており、この三つの方向性がつねに一体化しなければならなかった。

この三位一体は、もともと黄長燁が構築したものであろう。しかし彼はその後、この構造を否定するようになる。首領という全能者の絶対性について劇しく否定するにいたるのである。

しかしその否定が公になるのは彼が韓国に亡命した後のことであって、それ以前からずっと彼が「人間教」を信じていたわけではないだろう。

だが、韓国亡命後に彼が披露した最終段階の思考を、虚心坦懐に吟味してみることもわれわれにとって必要だ。それは単なる「亡命者の自己正当化」の言説ではなかった、と私は信じている。

以下は、黄長燁著『人間中心哲学のいくつかの問題』からの引用である（本書は第三者の手を通して黄長燁氏から筆者に贈呈されたものであり、サインの日付は一九九九年二月十日となっている。奥付などは一切ないため、発行所・発行年月日などは未詳。縦二一・五cm×横一五cm、三四〇頁の冊子であり、字体は韓国式であるが朝鮮語の表記は北朝鮮式で行われている。この資料に関しては故・黄長燁氏及び関係者に感謝する）。

> われわれの弁証法は従来の弁証法を否定し捨てるのではなく、それを人間中心により発展させ包摂しているのである。（二四五頁）
>
> 従来の弁証法とわれわれの弁証法の根本的な違いは、ヘーゲル弁証法やマルクスの弁証法には変化発展の一般的論理のみあって、その変化発展を主動的に導き出してゆく主体がないのだが、われわれの弁証法には変化発展を導き出してゆく主体があるということだ。

これによりわれわれの弁証法を主体弁証法というのである。（二一四五頁）

主体弁証法は人間の創造的役割により人間と世界との対立物の統一が変化・発展する過程、いいかえれば世界に占める人間の地位と役割の変化・発展過程を示す。（二一四六頁）

階級主義的独裁国家では指導者の権威を絶対化する個人崇拝思想が支配しており、指導者の思想によって全社会を一色化することによって自主的な思想発展を抑制している。（二一四八頁）

思想を独占することは財産や権力を独占するのに勝るとも劣らない大きな罪悪となる。（二一四八頁）

自主的な思想は自由主義思想や利己主義思想とは関係がない。（二一四九頁）

われわれは当然、物質世界発展の運命に責任を持っている最も偉大で崇高な存在である人間を絶対的に愛し、人間の無窮なる繁栄と幸福のために献身的に闘争する立場に立たねばならないだろう。（二一五一頁）

人間は自己の運命を開拓するのに決定的な役割をし、自己の要求に合わせて世界を改造し変化・発展させるのにも決定的な役割をする。人間は変化・発展する世界の流れに従属して変化・発展するのではなく、世界を自己の要求に合わせて主動的に変化・発展させてゆく唯一の創造的存在である。したがって人間はすべての事物が変化・発展するという客観的事実にのみ依拠するのではなく、人間の創造的役割を最大限に高め、自己の運命を力強く開拓してゆき、自己の偉大なる想像力を信じてそれを休みなく強化しつつ新しい世界の創造者としての誇りと自負心を持って永遠の発展の道を歩まねばならないだろう。

（二五一頁）

弁証法はひとことでいって事物発展の論理である。すべての物質の中で最も発展した存在は人間であり、自己を発展させてゆく最も大きな発展能力を持っているのも人間である。それゆえ弁証法は人間が自己自身を発展させてゆく創造的活動を中心として発展の特徴を明らかにせねばならず、またそうすることによってのみ、弁証法が人間の運命開拓のための事業に服務することができるのである。

（二五三頁）

このあまりに人間主義的な思想を批判するのはたやすい。しかしわれわれは、日本人が一九八〇年代から九〇年代にかけて、甘いポストモダンの夢のなかにたゆたいながら思想的にも弛緩しきっていた時代に、まさにわれわれの隣国で、たしかに古くさくはあるが、ポストモダンの夢が破れた今になって再びかなり魅力的に見えるかもしれないこのような思想がつむぎだされていたことに、思いをいたすべきではないだろうか。

東アジアにおいて、西洋の理論に容易に屈することなく、伝統と格闘しながら、主体という概念を打ち立てていくとどうなるか、という実例がここにある。これはおそらく、失敗作ではあった。しかし同時にこれは、北朝鮮の思想的格闘における、ひとつの到達点だったのである。

9月19日 ~10月4日	北朝鮮は、韓国・仁川で開催されたアジア大会に選手団を派遣。
9月25日	朝鮮中央テレビが金正恩第一書記の体調不良を報じる。
9月29日	日朝外交当局間会合において、北朝鮮側から、調査は初期段階であり、具体的な調査結果を通報できる段階にはないとの説明がある。
10月4日	アジア大会（韓国・仁川）の閉幕式参加のため、黄炳瑞軍総政治局長、崔龍海党書記、金養健党統一戦線部長が訪韓。
10月7日	北朝鮮と韓国の警備艇が北方限界線（NLL）付近で撃ち合う。
10月28日 ~29日	日本は政府担当者を平壌に派遣し、北朝鮮の特別調査委員会から調査の現状について詳細を聴取。
11月	金正恩第一書記の暗殺を題材とした米映画「ザ・インタビュー」を制作したソニー・ピクチャーズ・エンターテイメント（SPE）がサイバー攻撃を受け、各種の内部情報が流出。
12月18日	国連総会は本会議を開き、「北朝鮮人権状況の国際刑事裁判所（ICC）付託」を勧告した北朝鮮人権決議案を採択（2005年以降、10年連続）。
12月19日	米国FBIは、SPEに対するハッキング行為に関して北朝鮮当局に責任があると結論を下す十分な情報を有していると発表し、北朝鮮を非難。
12月22日	国連安全保障理事会は、北朝鮮の人権問題を議題として初めて採用し、協議を始める。
【2015年】	
1月2日	米国は北朝鮮当局による挑発的な行動等への対応として、新たな大統領令を発出するとともに偵察総局等の3団体及び10個人を制裁対象に指定。北朝鮮側はこれに強く反発。
3月3日	日本外務省のHPにおける韓国に関する記載から、「自由と民主主義、市場経済等の基本的価値を共有する」という文言が削除される。 北朝鮮の李秀墉外相は、国連人権理事会（ジュネーブ）で、北朝鮮の人権問題に関する国連の過去の決議は即時無効とすべきだと演説。

3月28日	韓国の朴槿恵大統領はドイツ訪問時に南北関係について演説を行い、人道支援、インフラ支援、交流拡大を柱とする構想を発表するとともに、北朝鮮の核放棄を求めた。
3月30日 ~31日	1年4か月ぶりに日朝政府間協議が開催される（北京）。
3月31日	北朝鮮は黄海の北方限界線（NLL）にて、海上射撃訓練を実施し、一部がNLL以南の韓国側海上に落下。韓国側は対応射撃を行った。
4月9日	最高人民会議第13期第1回大会が開催される。
4月16日	韓国旅客船セウォル号が仁川から済州島への航海の最中に沈没、死者多数。
5月13日	平壌中心部の高層アパートが崩壊し、死者多数を出す。
5月26日 ~28日	ストックホルムでの日朝政府間協議で、北朝鮮側が拉致被害者を含む全ての日本人に関する包括的かつ全面的な調査を実施すること、日本側は北朝鮮が特別調査委員会を立ち上げ、調査を開始する時点で、自国が北朝鮮に対してとっている措置の一部を解除することに合意した。
5月29日	日朝交渉を再開することに日朝両国が合意したと発表。
6月18日	貿易省、合同投資委員会および国家経済開発委員会を統合した「対外経済省」を発足させると朝鮮中央通信が報道。
6月30日	北朝鮮は国防委員会の「南朝鮮当局に送る特別提案」を通じ、韓国に対し、南北関係改善のため、お互いに誹謗・中傷や軍事的敵対行為（含む米韓合同軍事演習）を中止すること等を提案。韓国統一部は同提案を拒否すると発表。
7月1日	日朝政府間協議（北京）。
7月4日	北朝鮮が特別調査委員会の立ち上げおよび調査の開始を発表。日本側は人的往来の規制や人道目的の北朝鮮籍の船舶の入港禁止を含む日本側が独自に行う対北朝鮮措置の一部解除を発表。
8月10日	日米韓外相会合開催（ミャンマー）。弾道ミサイル発射など北朝鮮の挑発行動および核・ミサイル開発の継続に対する憂慮を三国は共有し、北朝鮮が安保理決議等を遵守し、非核化の実現に向けて具体的行動をとるよう一層緊密に連携していくことを確認。

【2013年】	
2月12日	北朝鮮が2006年、2009年に続き3回目の地下核実験を行う。
2月25日	朴槿恵氏が韓国大統領に就任。「朝鮮半島信頼プロセス」を表明。
3月1日	韓国の朴槿恵大統領、三・一独立運動記念式典の演説で日本に対し、「加害者と被害者という歴史的立場は千年の歴史が流れても変えることはできない」と発言。
3月8日	国連安保理は決議第2094号を全会一致で採択。北朝鮮の核実験を安保理決議違反として非難し、制裁を追加・強化する措置を決定。
3月31日	労働党中央委員会全体会議（総会）で、経済建設と核武力建設を並進させるという新たな戦略的路線を提示（並進路線）。
4月3日	北朝鮮は開城工団への韓国人従業員の立ち入りを禁止し、下旬には撤収を開始。
8月14日	開城工団再開に向けた南北当局者間実務協議で正常化に向けて合意。
9月16日	開城工団試運転を経て、操業を再開。
11月21日	最高人民会議常任委員会が政令で、新義州に特殊経済地帯、全土に13か所の経済開発区を設置すると発表したと朝鮮中央通信が報道。
12月9日	労働党政治局拡大会議において、張成沢国防委員会副委員長（党政治局員、党行政部長）がすべての職務から解任される。
12月12日	国家安全保衛部特別軍事裁判において、張成沢氏に死刑判決が言い渡される。即日執行。
【2014年】	
2月20日~25日	2010年10月末以来中断していた南北離散家族再会事業が金剛山にて行われる。
3月3日	日本人遺骨問題で日朝赤十字が中国で会談。両国外務省もこれに参加。
3月17日	北朝鮮における人権に関する国連調査委員会（COI）が最終報告書を提出。

日朝韓年表（2011.12 ～ 2015.3）

＊日本外務省 HP および各種報道をもとに著者が作成
＊特に明記しないものは、北朝鮮に関する事項

【2011年】	
12月17日	金正日国防委員会委員長が死亡。
12月24日	金正恩氏が朝鮮人民軍最高司令官に就任。
【2012年】	
2月23日	3回目の米朝対話開催（北京）。米朝双方がそれぞれ長距離ミサイル発射、核実験、ウラン濃縮活動を含む寧辺での核関連活動のモラトリアムの実施を含む合意内容を発表。
4月12日	人工衛星を搭載したと見られるロケット（弾道ミサイル）、光明星3号1号機を発射。打ち上げ後に空中分解し、衛星軌道への投入に失敗。
4月13日	金正恩氏が朝鮮労働党第一書記および国防委員会第一委員長に就任。
5月13日	日本の野田佳彦首相と韓国の李明博大統領が北京で首脳会談。
8月9日～10日	日朝赤十字会談が開催される。
8月10日	韓国の李明博大統領が竹島を訪問。
8月14日	韓国の李明博大統領が「(天皇は) 韓国を訪問したいのなら、独立運動で亡くなった方に真の謝罪を」と発言。
8月29日～31日	日朝政府間協議のための予備協議が開催される。
11月15日～16日	日朝政府間協議が開催される。
12月12日	人工衛星を搭載したロケット（弾道ミサイル）、光明星3号2号機を発射し、衛星軌道への投入に成功。だがこれに対して国連では、発射を非難し制裁を強化する国連安保理決議第2087号が採択された。
12月19日	朴槿恵氏が韓国大統領選挙で勝利。
12月26日	安倍晋三氏が日本の首相に就任。

あとがき

藤原書店の季刊誌『環』に「北朝鮮とは何か」という連載を始めたのは二〇一三年四月のことだった。

その時点では、北朝鮮はきわめて強硬かつ荒々しい姿勢を日米韓に対して取っていた。「北朝鮮を理解しなければならない」「北朝鮮と関係を構築しなくてはならない」などという文章を読みたい人は、この日本にそのとき、ほとんどいなかったに違いない。

それでも、藤原書店の藤原良雄社長は、私の文章を『環』に連載させてくれた。

その後、二〇一四年五月に安倍晋三首相は、日朝関係を前向きに進展させるという方針を電撃的に発表した。これは日本社会にとって大きな驚きであったが、私の連載を読んでくださっていた方々にとっては、さしたる驚きではなかったはずだ。

もちろん日本政府は日朝交渉の入り口に拉致問題を置いているため、その後現在（二〇一五年三月一日）まで交渉の実質的な進展はない。拉致問題を入り口に置くこと自体が間違った選択だと私は考えているが、その拉致問題に関しても早晩何らかの展開が始まるだろう。水面下で、日朝関係は確実に動いているのだ。

日朝交渉の行方は予想がつかない。しかし、この問題にイニシアティブをとって取り組むことができるのは、無論日本しかない。日本は萎縮せずに、堂々と主体性を持って東アジアの新しい枠組み構築に乗り出してよいのである。アメリカにも韓国にも、遠慮する必要はない。東アジアのことは、日本が自ら思考して進めてゆく。それが日本の責務であり、使命である。むしろ北朝鮮との交渉をどう積極的に進めるかは、日本にとって、米国追従の戦後の歴史を果敢に変えてゆく大きな転換点となるだろう。戦前に行ったことに起因するトラウマから、「東アジアのことには自ら主体的に関与しない」という自己規制を守ってきた戦後の日本だが、この自己規制こそが東アジアを不幸にしてきたのだという認識を持つべき時期に来ている。

藤原良雄社長と、それから連載の期間中ずっと丁寧かつ冷静な仕事ぶりで筆者に安心感を与えてくれた、編集担当の山﨑優子氏に心から感謝する。

二〇一五年三月一日

京都にて　小倉紀蔵

著者紹介

小倉紀蔵（おぐら・きぞう）

1959 年東京生。現在、京都大学総合人間学部、大学院人間・環境学研究科教授。東京大学文学部ドイツ文学科卒業、韓国ソウル大学校哲学科大学院東洋哲学専攻博士課程単位取得。専門は、東アジア哲学。

著書に、『朱子学化する日本近代』（藤原書店）『日中韓はひとつになれない』（角川 one テーマ 21）『韓国は一個の哲学である』『歴史認識を乗り越える』『韓国人のしくみ』（講談社現代新書）『心で知る、韓国』（岩波書店現代文庫）『ハイブリッド化する日韓』（NTT 出版）『〈いのち〉は死なない』（春秋社）『入門　朱子学と陽明学』『新しい論語』（ちくま新書）ほか多数。編著書に『日韓関係の争点』（藤原書店）『新聞・テレビが伝えなかった北朝鮮』（角川書店）ほか。

北朝鮮《きたちょうせん》とは何《なに》か——思想的考察《しそうてきこうさつ》

2015年 3月30日　初版第 1 刷発行©

著　者　小　倉　紀　蔵

発行者　藤　原　良　雄

発行所　株式会社　藤　原　書　店

〒 162-0041　東京都新宿区早稲田鶴巻町 523

電　話　03（5272）0301

F A X　03（5272）0450

振　替　00160 - 4 - 17013

info@fujiwara-shoten.co.jp

印刷・製本　中央精版印刷

落丁本・乱丁本はお取替えいたします　Printed in Japan

定価はカバーに表示してあります　ISBN978-4-86578-015-4

外務省〈極秘文書〉全文収録

吉田茂の自問
〈敗戦、そして報告書「日本外交の過誤」〉

小倉和夫

戦後間もなく、講和条約を前にした首相吉田茂の指示により作成された外務省極秘文書「日本外交の過誤」。十五年戦争における日本外交は間違っていたのかと問うその歴史資料を通して、戦後の「平和外交」を問う。

四六上製　三〇四頁　**二四〇〇円**
（二〇〇三年九月刊）
◇978-4-89434-352-8

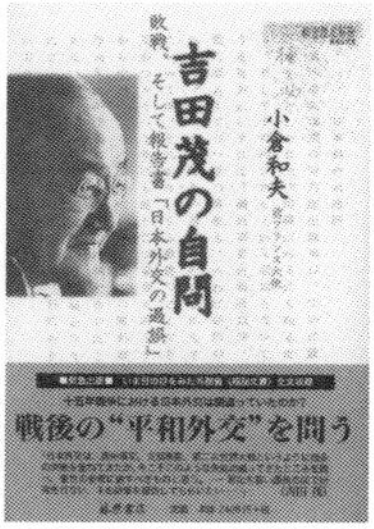

日本とアジアの"抗争の背景"を探る

日本のアジア外交　二千年の系譜

小倉和夫

卑弥呼から新羅出兵、元寇、秀吉の朝鮮侵攻、征韓論、脱亜論、日清戦争、日中戦争、満洲建設、そして戦後の国交回復へ――アジアにおいて抗争と協調を繰り返す日本の、二千年に亘るアジア外交の歴史を俯瞰する。

四六上製　二八八頁　**二八〇〇円**
（二〇一三年二月刊）
◇978-4-89434-902-5

「在外」の視点による初の多面的研究

「在外」日本人研究者がみた日本外交
〈現在・過去・未来〉

原貴美恵編

冷戦後の世界秩序再編の中でなぜ日本外交は混迷を続けるのか？「外」からの日本像を知悉する気鋭の研究者が「安全保障」と「多国間協力」という外交課題に正面から向き合い、日本の歴史的・空間的位置の現実的認識に基づく、外交のあるべき方向性を問う。

Ａ５上製　三一二頁　**四八〇〇円**
（二〇〇九年七月刊）
◇978-4-89434-697-0

日本史研究の新たな領野！

モノが語る日本対外交易史　七―一六世紀

Ch・フォン・ヴェアシュア
鈴木靖民＝解説　河内春人訳

七―一六世紀に及ぶ日本の対外関係の全体像を初めて通史的に捉えた画期的著作。「モノを通じた東アジアの交流」と「モノづくり日本」の原点を鮮やかに描き出す。

四六上製　四〇八頁　**四八〇〇円**
（二〇一一年七月刊）
◇978-4-89434-813-4

ACROSS THE PERILOUS SEA
Charlotte Von VERSCHUER